KRÜGER

KATJA EBSTEIN

MIT UWE BAUMANN

Das ganze Leben ist Begegnung

❈ | KRÜGER

Aus Verantwortung für die Umwelt hat sich der S. Fischer Verlag
zu einer nachhaltigen Buchproduktion verpflichtet. Der bewusste
Umgang mit unseren Ressourcen, der Schutz unseres Klimas und der
Natur gehören zu unseren obersten Unternehmenszielen.
Gemeinsam mit unseren Partnern und Lieferanten setzen wir uns
für eine klimaneutrale Buchproduktion ein, die den Erwerb von
Klimazertifikaten zur Kompensation des CO_2-Ausstoßes einschließt.
Weitere Informationen finden Sie unter: www.klimaneutralerverlag.de

Originalausgabe

Erschienen bei FISCHER Krüger

© 2020 S. Fischer Verlag GmbH,
Hedderichstr. 114, D-60596 Frankfurt am Main

Agentur: Käfferlein & Köhne GmbH & Co. KG
Satz: Pinkuin Satz und Datentechnik, Berlin
Druck und Bindung: CPI books GmbH, Leck
Printed in Germany
ISBN 978-3-8105-0058-8

Dieses, mein Buch vom Suchen und Finden,
schenke ich meiner Familie
und besonders meiner Schwester Uschi

INHALT

Das ganze Leben
ist Begegnung

In den letzten zwanzig Jahren wurde ich immer wieder gefragt, ob ich mir vorstellen könne, eine Autobiographie zu schreiben, auch unabhängig von runden Geburtstagen. Meine Reaktion war immer gleich: Meiner Meinung nach ist die Zahl von Biographien heutzutage schon fast inflationär – manche schreiben lustigerweise schon mit Mitte Dreißig ihr Leben auf. Diesem merkwürdigen Umstand wollte ich nicht noch mehr Unwichtiges hinzufügen.

Vielleicht hebe ich mir die reine »Erinnerungslebenslaufbetrachtung« noch ein wenig auf. Es passiert augenblicklich noch so viel. Im straffen Arbeitsprozess von Konzert über Theater bis zum Ehrenamt stehend, bewege ich mich heute fast energiegeladener durch mein Leben als früher. Auch bin ich weder »Ikone« noch »Legende«, wie man oft von außen suggeriert bekommt. Die roten Teppiche unserer Oberflächengesellschaft meide ich so gut ich kann. Ich betrachte mich als individuellen, toleranten Normalbürger mit Haltung und Meinung, konfrontiert mit den Herausforderungen und Aufgaben des Alltags – wie der Rest der arbeitenden Bevölkerung auch.

Warum dann dieses Buch? Nachdem einige Hartnäckige nicht nachließen, mich zum Schreiben zu bewegen, kam mir der Gedanke, die mich beeindruckenden Begegnungen in meinem Leben zum Thema zu machen. Das fand ich spannend. Bei einem Treffen mit meinem langjährigen Freund Uwe Baumann erzählte ich ihm von der Idee, und er war sofort begeistert. Binnen kurzer Zeit waren wir im Austausch. Daraus sollte nun ein hoffentlich interessantes Buch werden.

Gelebtes Leben ist eben auch immer die Summe von Begegnungen mit besonderen Persönlichkeiten – egal, ob bekannt oder unbekannt, ob es sich um eine langjährige Beziehung oder nur um ein kurzes, aber nachhaltiges Zusammentreffen handelt. Dazu zählen selbstverständlich auch die Begegnungen mit Landschaften, Lebensorten, mit der Literatur und natürlich der Musik.

Ein derartiges Buch könnte für die Leserinnen und Leser mit ihren jeweils einzigartigen Lebensläufen auch Einladung sein, ihre eigenen Lebensphasen zu betrachten. Wie wurde es, dieses Leben? Wem bin ich begegnet? Wer hat mich konfrontiert und inspiriert? Welche Erfahrungen und Haltungen haben mich bereichert?

Zu diesem zentralen Motiv ließe sich etwas Sinnvolles, Nützliches schreiben. Wenn ich irgendwie mit dem Geschriebenen andere anregen könnte zu einer Betrachtung, würde es Sinn machen für mich!

Ich brauchte nicht lange, um die mir wesentlichen Begegnungen ausfindig zu machen. Die hatte ich schon länger im Kopf. Vielmehr war es schwierig, eine Auswahl zu treffen.

Bei meiner Spurensuche nach eben diesen guten, kostbaren Begegnungen war ich doch positiv überrascht, wie viele wertvolle Momente ich aus zurückliegenden Gedächtnistiefen wieder hervorzuholen vermochte.

Nun ist mir beim Schreiben aufgefallen, dass dieses Buch gleichzeitig auch eine kleine Zeitreise durch die Jahrzehnte darstellt. Jeder Lebenslauf steht unumgänglich in Verbindung mit dem jeweiligen Zeitgeschehen und entwickelt sich daraus auf die eine oder andere Art.

Nach der Arbeit an diesem Buch, bin ich mehr denn je davon überzeugt:

Das ganze Leben ist Begegnung!

Ich wünsche Ihnen viel Freude beim Lesen.

Ihre
Katja Ebstein

1

»Du kannst alles machen,
nur nicht lügen«

Ich wurde als kleines »Etwas« mit Namen Karin Witkiewicz im schlesischen Girlachsdorf in den letzten Tagen der von Deutschen verursachten Katastrophe des Zweiten Weltkriegs geboren. Trotz aller Irrungen und Wirrungen dieser chaotischen Zeit war ich ein Wunschkind. Das Glück meiner Mutter Martha über eine gesunde Hausgeburt wurde nur von der Tatsache getrübt, dass unser Vater Willi in meinen ersten zwölf Lebensmonaten noch in amerikanischer Kriegsgefangenschaft war. So musste sich unsere Mutter mit meiner acht Jahre älteren Schwester Ursel und mir, als Nachzügler, vor den herannahenden russischen Truppen auf die Flucht machen. Wir sollten aus Schlesien evakuiert werden.

Das gestaltete sich in einer vierzehntägigen Odyssee mit dem Zug äußerst schwierig. Endstation war Jena in Thüringen. Alle Menschen mussten dort raus. Von diesem Bahnhof aus wurden wir auf verschiedene Bauernhöfe im Umkreis von Jena aufgeteilt. Auf einem dieser Höfe sollten wir für ein halbes Jahr bleiben. Dafür, dass wir dort essen und schlafen konnten, musste meine Mutter von Sonnenaufgang bis Sonnenuntergang schwer arbeiten. Selbst meine Schwester, die ja noch ein Kind war, musste kräftig zupacken. Nach dieser ersten Evakuierungszeit ging unsere Reise endlich weiter nach West-Berlin, genauer gesagt nach Reinickendorf in den französischen Sektor der Stadt.

Nachdem unser Vater aus amerikanischer Gefangenschaft entlassen wurde, kam er zu uns nach Berlin. So hatten wir endlich unseren Vati wieder, der mit einer Tuberkulose, die er sich in dem Gefangenenlager geholt hatte, schwer kriegsbeschädigt war. Wir bewohnten in Reinickendorf eine Zweieinhalbzimmerwohnung in einer für Berliner Verhältnisse großzügigen, zweistöckigen Wohnsiedlung gegenüber einer sogenannten grünen Lunge – einer schönen großen Schrebergartenanlage. Einen Garten haben wir später selber gepachtet.

Vier Erwachsene und zwei Kinder teilten sich die Wohnung. Ein Zimmer gehörte unseren Eltern, eines bewohnten meine Großeltern, das halbe war das Reich von meiner Schwester und mir.

Trotz seines gesundheitlich mit vielen Schmerzen verbundenen Zustands ist unser Vater ein lebensbejahender, humorvoller Mensch geblieben. An den Kriegserlebnissen hatte er wie alle Heimkehrer neben der Krankheit schwer zu tragen und machte aus seiner Wut und seiner Enttäuschung über das Naziregime keinen Hehl. Er erzählte uns Kindern des Öfteren von seinen Kriegserlebnissen, auch von Kameradschaft und Zusammenhalt unter den Soldaten seiner Truppe, trotz all des Wahnsinns. Alle gingen gesund an die Front –

und kamen als Kriegsversehrte zurück, aber immerhin lebend. Diese Berichte fanden wir Kinder spannend, weil er so gut erzählen konnte. Auch mit den eigenen Gefühlen hielt er dabei nicht hinter dem Berg und war nah am Wasser gebaut. Das habe ich von ihm geerbt.

Ich war in der Familie als Tagträumerin bekannt. Manchmal saß ich einfach nur da, guckte Löcher in die Luft und träumte mich in andere Welten. Das Universum hat mich genauso fasziniert wie unerforschte Höhlen oder spuckende Vulkane und alles Unheimliche. Ich erinnere mich, wie ich als Neunjährige ein Buch über Archäologie geschenkt bekam. Seite für Seite habe ich es verschlungen – neben den Mickey-Mouse-Heftchen, die mir ein Nachbarskind vermacht hatte. Bis heute hat sich nichts an meiner Lust geändert, in der Phantasie zu spazieren und den Dingen auf den Grund zu gehen. Vielleicht werde ich im nächsten Leben Forscherin oder Vulkanologin. Oder noch besser: Ich studiere Phänomenologie! Schöne Spinnerei!

Durch seine Kriegsbeschädigung war unser Vater arbeitsunfähig, wollte sich aber dennoch für die Menschen um ihn herum einsetzen. Er war Vorstand unseres »Laubenpeperevereins« und engagierte sich im Reichsbund für Kriegs- und Zivilbeschädigte. Dort half er vor allem älteren und kranken Menschen bei Rentenanträgen und anderen bürokratischen Dingen. Außerdem organisierte er Veranstaltungen und führte dokumentarische Naturfilme vor, die er sehr unterhaltsam moderierte.

Während unser Vater ein von Natur aus begabter Redner war, war meine Mutter die perfekte Zuhörerin und Menschenbeobachterin. »Wenn du nicht zuhörst, erfährst du nichts Neues«, sagte sie. Obwohl sie als Köchin in einer Spirituosen-Fabrik arbeitete und so den elementaren Unterhalt unserer Familie sicherte, war sie für uns Kinder ein nie versiegender Quell aus Wärme und Zuneigung und immer für uns da. Sie besaß ein feinmusikalisches Gehör und eine wunderbare Mezzo-Naturstimme. Immer wieder wurde sie gebeten, in der Kirche oder auf privaten Feiern zu singen. Meine Stimme habe ich mit Sicherheit von ihr. Ich glaube, sie hat sich zeitlebens darüber gefreut, dass durch diese Stimme aus mir etwas geworden ist.

Unsere Mutter war das älteste Kind einer schlesischen Großfamilie, die uns viel Kraft und Halt gerade in der schwierigen Flucht- und Nachkriegszeit gegeben hat. Unsere Oma war das Ur-Rückgrat dieser Großfamilie, ihre Frauenpower vererbte sie an unsere Mutter und unsere Tanten, dann weiter an meine Schwester Ursel und mich.

Für meine Schwester Ursel war ich voller Bewunderung, weil ihr irgendwie alles leicht von der Hand ging, was mir schwerfiel. Man muss sich das vorstellen: Meine Schwester Ursel, selbst noch ein Kind, hat sich während der Evakuierung und später im Nachkriegsberlin um mich kleinen Wurm liebevoll gekümmert und war in dieser schwierigen Zeit eine kolossale Stütze für unsere Mutter. Diese frühe Verantwortung hat Ursel zu einer sehr starken Frau werden lassen. »Ich kann nicht schreiben, ich bin keine Künstlerin wie du«, sagt diese Frau heute bescheiden, die eine erfolgreiche Beamtenkarriere hingelegt, mit einem verständnisvollen Mann zwei wundervolle Kinder großgezogen hat und ein Buch nach dem anderen verschlingt. Ich bin mir sicher, Ursel wäre auch eine überzeugende und durchsetzungsstarke Kommunalpolitikerin geworden, mit viel Bodenhaftung und Blick fürs wirklich Notwendige.

Für das Politische haben wir Schwestern uns schon früh interessiert, vor allem durch unseren Vater, mit dem wir sehr gut politisieren konnten. Er war Sozi im Kopf, und die damaligen Berliner SPD-Bürgermeister Ernst Reuter, Luise Schroeder und Otto Suhr waren Hoffnungsträger für ihn. Sehr genau erinnere ich mich noch an den 17. Juni 1953, den sogenannten Volks- oder Arbeiteraufstand in der damaligen DDR und den daraus resultierenden Einmarsch der Sowjetarmee. Ich war acht Jahre alt – gemeinsam saßen wir vor dem Radio. Wir weinten, als wir hörten, wie blutig und brutal die Aufstände niedergeschlagen wurden. Das Gleiche drei Jahre später in Ungarn. Unser Vater war wütend und traurig, er hatte die Schnauze voll von Krieg und Gewalt.

Nie würde meiner Schwester und mir von irgendwem politisches Bewusstsein eingetrichtert, vielmehr hat es durch die Ereignisse während der Zeit des Kalten Krieges ausgebildet. Wir hatten wirklich kein Geld, aber eine informative Tageszeitung brauchte mein

Vater, das musste sein. Und darin haben wir natürlich auch gelesen. Was wir von unserem Vater mitbekommen haben, ist sein Kampfgeist für Gerechtigkeit auf allen Ebenen. Sonst haben sich meine Eltern nicht groß eingemischt, wenn meine Schwester und ich politisch unterwegs waren. Ihre größte Sorge galt unserer Unversehrtheit. »Passt auf euch auf, dass ihr nicht unter die Räder kommt«, hörten wir oft, denn auf Demos flogen auch schon mal von politisch-radikaler Seite Steine, und die Polizei war auch nicht immer gerade zimperlich. Die Demonstrationen richteten sich gegen die von der Bundesregierung geplante atomare Aufrüstung der Bundeswehr. »Frieden statt Atombomben« war die Forderung der Aktionen, die u.a. vom Ende der Fünfzigerjahre aktiven »Aktionsausschuss der Berliner Jugend gegen den Atomtod« getragen wurde. Unsere Eltern gaben uns einen riesigen Vertrauensvorschuss. Sie haben verstanden, dass wir nicht zu bändigen waren. Das war sicherlich nicht immer ganz einfach für sie. Ich war gewiss kein »pflegeleichtes« Kind. Als ich klein war, wollte ich einfach nichts essen, obwohl unsere Mutter und meine Schwester alles versuchten, um meinen Appetit zu wecken. Wie ein Hungerhaken kam ich mir vor und wurde deshalb auch nach Amrum geschickt. Als ich mich körperlich stabilisiert hatte, fing dann das Protestieren an. Schon mit zwölf. Und nicht nur Anti-Atom, auch gegen den Vietnamkrieg und später dann gegen den Mauerbau. Es gab einiges zu demonstrieren in dieser Zeit.

Mit fünfzehn bekam ich dann noch eine lebensbedrohliche Hirnhautentzündung, die schwerste Erkrankung in meinem Leben. Meine Eltern waren damals in großer Sorge, ob ich überhaupt durchkommen würde.

Was mir beim Schreiben auffällt: Wirkliche Lebensangst kennen meine Schwester und ich eigentlich nicht. Mit ihrem in uns gesetzten Urvertrauen haben uns unsere Eltern fast ein Stück Unzerstörbarkeit eingepflanzt. Sie waren immer für uns da und haben uns in allem unterstützt. Woran ich besonders gern denke ist, dass sie sich in ihrer Zweisamkeit, auch als sie älter wurden, noch aneinander freuen konnten. Und dieses »Achte auf dein Wesen«, das wir durch sie erfahren haben, war eine kraftvolle Grundlage für meine spätere Entwicklung. Ohne diese könnte ich heute auf keiner Bühne stehen.

Die erste prägende Begegnung im Leben eines Menschen ist ja die mit den eigenen Eltern. Und die kann man sich bekanntlich nicht aussuchen. Wir hatten großes Glück. Meine Schwester und ich wurden in ein besonderes Nest hineingeboren. Die Liebe dieser beiden Menschen war nie an Bedingungen geknüpft. Wir mussten nicht nett oder brav sein, um Liebe und Zuneigung und daraus Geborgenheit zu erfahren. Es war aber auch keine »Affenliebigkeit«, die blind alles akzeptierte, was wir anstellten, doch waren wir uns der Liebe unserer Eltern sicher – auch wenn es Konflikte gab. Die Liebe, die wir von zu Hause erfahren haben, konnten wir dann später an andere weitergeben. Unsere

Eltern haben uns vorgelebt, jedem Menschen positiv und hilfsbereit gegenüberzutreten. So erinnere ich mich an einen Zeugen Jehovas aus der Nachbarschaft, der mit nervensägender Ausdauer meine Mutter immer wieder zu seinem Wachturm-Glauben bekehren wollte. Statt ihn vor die Tür zu setzen, hörte sie ihm geduldig zu – auch wenn er mit seinen Missionierungsversuchen bei ihr auf Granit biss.

Für meine Mutter als Christin waren Liebe und Solidarität völlig normal. Wir sind eine protestantische Familie, aber nur meine Mutter ging ab und an in die Kirche und nahm mich mit. Besonders die Kindergottesdienste hatten es mir angetan, in denen eine Vikarin so lebendig-schön Geschichten aus der Bibel erzählte. Von da an wurde Jesus zu meinem besten Freund – und ist es bis heute geblieben.

Trotz des großen Vertrauens in mich habe ich mir auch so manche Freiheiten herausgenommen, die zu Hause Anlass zu Sorge gaben. Sie haben mich gewähren lassen, und dabei habe ich entdeckt, dass Freiheit sich nicht in Leichtfertigkeit erschöpft, sondern viel mit Verantwortung zu tun hat und manchmal ganz schön schwer ist.

Durch die offene Haltung in unserer Familie wurde auch das Fundament zur Toleranz in uns gelegt. Was ich am meisten hasse, ist Ungerechtigkeit. Ja, hassen kann ich auch – das betrifft nie Menschen, sondern Zustände. Als Gerechtigkeitsliebende habe ich mit Ungerechtigkeiten, die besonders anderen, aber auch mir selbst zustoßen, überhaupt kein Nachsehen. Das war schon in meiner Schulzeit so. Wurden Schwächere gemobbt, musste ich eingreifen und wurde dann selbst zur Zielscheibe.

Was ich noch von meinen Eltern mitbekommen habe: Die Dinge müssen auf den Tisch. Einmal das Problem ausgesprochen, kann man nach einer Lösung suchen und sich dann wieder auf das Nächstwesentliche konzentrieren. Bei uns in der Familie gab es kein Nachtragen. Ehrlichkeit war Voraussetzung. »Du kannst alles machen, nur nicht lügen« und »Kann nicht, gibt's nicht« waren die wesentlichen Erziehungs-Prämissen meines Vaters. Und irgendwie habe ich mich dran gehalten. Bis heute. Okay, bis auf ein paar kleine Notlügen, die eine Situation entlasten, ohne jemandem zu schaden. Ansonsten spreche ich geradeheraus, wie ich die Dinge empfinde, wie sie sich für mich darstellen, ohne überflüssige Höflichkeits- oder sonstige Floskeln. Das kann nicht bei allen Menschen gut ankommen. Mancher nimmt's persönlich.

Was mir gegen den Strich geht: Wenn jemand hinter dem Rücken schlecht über andere spricht. Tratsch, intrigantes Verhalten – oft gepaart mit Unwahrheit, Vermutungen und Projektionen – kann ich nicht ausstehen.

Summa sumarum: Vater und Mutter haben meine Schwester und mich in unseren Talenten gefördert, so gut es eben ging. Im Rahmen der materiellen Grenzen rückwärts und vorwärts überlegt, was möglich ist. Malerin wollte ich werden oder Bildhauerin. Irgendetwas

Kreatives und Selbstbestimmtes halt. Nun bin ich beim Singen gelandet und Schauspielerin geworden. Mit dem Erbe der Naturstimme meiner Mutter und der freien Redegewandtheit meines Vaters. Der größte Schatz für uns Kinder aber war das unendliche Vertrauen, das diese zwei besonderen Menschen in uns hatten. Das begleitet uns durchs ganze Leben.

2

Die Inseln meines Lebens

Man könnte sagen, dass ich ein Inselmensch bin. Vielleicht weil das Nachkriegsberlin vom Mauerbau bis zum Mauerfall auch eine Insel war. Eine Insel im »roten Meer«, wie es im »Insulanerlied« so schön kabarettistisch satirisch beschrieben ist. Nicht nur menschliche Begegnungen prägen ja das Leben, sondern auch besondere Orte können uns tiefere Eindrücke vermitteln. Neben Berlin ist es für mich die Insel Amrum – dieses klitzekleine Eiland in der Nordsee. Gesegnet mit dem größten Sandstrand Europas an einer Insel vergleichbarer Größe, dem Kniepsand.

Meine erste Begegnung mit Amrum stand – wie schon kurz erwähnt – in Zusammenhang mit der Verschickung von städtischen Bleichnasen zum Gesundwerden durch Luftveränderung. Das Reizklima der See mit seiner jodhaltigen Luft ist das besondere Potenzial dieser Landschaft und auf den Inseln stärker spürbar als auf dem Festland. In meinem Fall hieß das: »Nordseeluft macht Appetit und stärkt die Abwehrkräfte.« Und das war für mich sechsjährigen Hänfling genau das Richtige. Der erste Aufenthalt im Kinderheim »Berlin-Wilmersdorf« in Wittdün, dem Fährhafen der Insel, wurde im nächsten Jahr wegen guter Wirkung dann gleich wiederholt. Meine Appetitlosigkeit war danach fast vergessen. Auch das Heimweh, das mich bei meinem ersten Aufenthalt noch so gequält hatte, war wie verflogen, als wir beim Wandern über die Dünenkanten die unermessliche Weite des Kniepsands entdecken konnten. Vor Begeisterung schreiend rannten wir bis zum Wasser, und da hatte mich die Insel gefangengenommen. Und seitdem geht auch nichts mehr ohne Meer.

So mit sechzehn fuhren die meisten meiner Schulkameraden in den großen Ferien an die Nordsee. Wir konnten uns das einfach nicht leisten. Also musste ich gemeinsam mit einer Freundin, deren Familie es auch nicht so dicke hatte, irgendwo jobben, um das Fahrgeld zusammenzukriegen. Und das geschah bei uns ums Eck in Berlin-Reinickendorf bei der Firma Essig-Kühne. Dort stopften wir am Ende eines langen Tisches, an dem Frauen mit Netzen in den Haaren die Heringe filetierten, zwei Wochen Tag für Tag Rollmöpse in Gläser und verdienten uns so das Geld für die Fahrt nach Amrum. Gleichzeitig hatte ich an mein ehemaliges Kinderheim geschrieben, ob man dort arbeiten dürfe, und da die Heimleiterin mich noch kannte, bot sie mir für eine täglich dreistündige Arbeit Kost und Logis frei und dazu für die gesamte Zeit ein Taschengeld von achtzig Mark an. Ich fand, das war ein prima Angebot, und musste tatsächlich nur vormittags den Sand aus den Zimmern fegen, den die Kinder in ihren Schuhen und Kleidern in die Räume mitbrachten. Meine Freundin arbeitete in der

Jugendherberge direkt neben dem Kinderheim. Es war eine unbeschwerte Zeit. Nur Strand und Meer, dazu in Wittdün den einzigen bis heute auf der gesamten Insel nächtlichen Treffpunkt, die »Blaue Maus«. Hier konnten wir uns mit Freunden treffen und von der Jukebox durch Münzeinwurf bestimmte Lieblings-Singles abspielen lassen. Unsere absoluten Favoriten damals: Elvis Presley, die Beatles, Bob Dylan und die Stones.

In diesen Ferien begegnete ich einem gutaussehenden, zurückhaltenden – um nicht zu sagen schüchternen – sensiblen Jungen, der mit der Nordsee-Ferienentscheidung »Amrum« offensichtlich auch ein Suchender nach dem Besonderen war – sonst wäre er vielleicht auf Sylt gelandet. Sein Name war Benno Ohnesorg, er wohnte in der Jugendherberge, in der meine Freundin arbeitete. Zu dritt sind wir durch die Dünen und um die Häuser gezogen und hatten in den drei Wochen viele gute Gespräche. Wir redeten übers Schreiben von Poesie und übers Malen. Benno wollte Kunsterzieher werden, aber vorher auf dem zweiten Bildungsweg noch sein Abitur nachholen.

Dieser Aufenthalt auf Amrum wirkte in mir so nachhaltig, dass ich das bestimmte Gefühl hatte, ich müsse hier mal eine Weile leben und arbeiten. Auf die Weise kroch die Insel mir förmlich unter die Haut. Dieses »Hier kann ich mir vorstellen zu leben« verdichtete sich. 1976 erschien von mir fast wie ein Tagtraum-Song »Ich bau mir ein Haus auf einer Insel«:

Ich bau mir ein Haus auf einer Insel
Davon habe ich schon so lange geträumt
Ein einsames Haus auf einer Insel
Von Efeu bedeckt von Hecken umsäumt
Unter einem Dach aus Stroh werde ich geborgen sein
Was auch geschieht
Morgens höre ich schon das Meer
*Abends singt mein Freund der Wind mir noch ein Lied**

Zwei Jahre später setzte ich meinen Traum in die Tat um und baute auf Amrum – auf einer Pferdewiese kurz vor Steenodde an der Wattseite – ein reetgedecktes Haus. Eigentlich wollte ich eines dieser kleinen, geduckten Häuschen der Insel kaufen, aber alle waren sie besetzt – oft von alleinstehenden Kapitänswitwen. Dann traf ich den pensionierten Kapitän Tadsen, und er vermittelte mir das Grundstück, auf dem mein Haus nach meinen Vorstellungen und auf der Grundlage regionaler Bauweise errichtet wurde.

Für mich bedeutet Amrum: irgendwie weg sein von allem. Auf dieser Insel nable ich mich von jedem Alltagsdruck regelrecht ab. Dort ist das Elementare der Natur viel stärker spürbar als auf dem Festland. Man wird in jeder Weise zurechtgestutzt auf das Normalmaß menschlicher Existenz. Es gibt Tage wie Glas, da ist die

---

* Ein Haus auf einer Insel. Text: Michael Kunze. Musik: Christian Brun. © 1976 by Homburg Music Hans Gerig KG, Bergisch Gladbach

See wie ein riesiger Spiegel, ohne jede Wellenbewegung. Und am nächsten Tag pfeift einem der Wind um die Ohren, mit einer Wucht, dass man sich kaum senkrecht halten kann. Es ist einfach faszinierend: Man kommt mit der Fähre an, erwischt die ersten Windstöße, die die Augen wachputzen und das Hirn buchstäblich freipusten, um nach einem richtig straffen Marsch am Wasser nach Hause zu kommen und diese unglaublich wohlige Wärme eines gemütlichen Kaminfeuers zu genießen.

Nordseekrabbe, Scholle, Hering, Butterbrot und Friesenwaffel – für jeden hat die Insel auch kulinarisch etwas zu bieten –, und ein bis zwei Stück Friesentorte sind ein Muss! Das alles zusammen nennt man dann: Medizin für Körper, Geist und Seele. »Mein« Amrum ist wie ein kleiner Erdteil mit den vielen verschiedenen Landschaftszonen. Da ist einmal das Wattenmeer, wo der Mond seine Kraft mit Ebbe und Flut alle sechs Stunden spüren lässt, dann gibt es saftige Wiesen und einen unglaublich großen Mischwald – sieben Kilometer lang und drei Kilometer breit –, der die Mitte der Insel überzieht. Dieser Wald wurde aufgeforstet, als ich als Kind durch die Dünen marschierte, ein bisschen kleiner als die Bäume selbst, und heute ist Amrum die waldreichste friesische Insel. Dort, wo nicht bepflanzt wurde, breitet sich eine weitläufige Heidelandschaft mit wirklich hohen Dünen aus und dann dieser schier unendliche Sandstrand. Jeder kann hier für sich allein sein – wenn er mag. Einfach auf einer Deichbank zu sitzen, in die

Weite schauen, nur hören, nicht denken – und die Stille erleben, wenn das geschwätzige Treiben der Vögel beendet ist, das ist die totale Entspannung für mich.

1992 haben mein Mann Klaus Überall und ich fünfzig Kinder aus milieugeschädigten Familien aus dem Kohletagebaugebiet in Spremberg Schwarze Pumpe in der Niederlausitz mit Unterstützung durch das Gesundheitsministerium in Brandenburg und einer Ärztin in Cottbus zu Erholungsferien in zwei Kinderheime auf Amrum eingeladen. Mein Mann und ich hatten Urlaub und wollten uns in dieser Zeit um die Abwicklung kümmern, damit die Kinder eine erholsame Zeit dort verbringen konnten. Aus dieser Aktion entstanden dann später ein gemeinnütziger Verein namens AKU (Aktion Umwelt für Kinder) und noch später, mit Fürsprache von Richard von Weizsäcker, Christina und Johannes Rau und als Schirmherrin Ingrid Stolpe mit ihrem Mann Manfred Stolpe, die Katja-Ebstein-Stiftung.

Kommen wir zur ersten Insel in meinem Leben: Berlin, meine »Knete«. Meine Stadt, mit ihrer wechselvollen Geschichte und ihrem bunten, offenen Wesen, ist bis heute mein Anker und mein Nachhausekommen. Wie sah es damals aus, als wir nach dem Krieg in Berlin ankamen? Natürlich habe ich aus dieser frühen Zeit keinerlei Erinnerung oder Bilder im Kopf. Wie ich aus späteren Erzählungen meiner Eltern erfuhr, waren die Straßen voll mit Frauen, die in Kittelschürzen und Kopftüchern eine Sisyphusarbeit erledigten: die sogenannten Trümmerfrauen, die mit bloßen Händen zwischen den Ruinen der zerstörten Stadt die Trümmer wegräumten und mit dem Hammer Ziegelsteine von Mörtel befreiten, um sie für den Aufbau der Stadt wiederverwendbar zu machen. Vierhundert Millionen Kubikmeter an Bauschutt waren in ganz Deutschland und damit auch in Berlin wegzuräumen. Wohnungen, Häuser, Schulgebäude und andere öffentliche Einrichtungen waren zerbombt worden. Frauen im Alter von fünfzehn bis fünfzig Jahren schufen aus den Kriegstrümmern in den vier Sektoren das Material für den Wiederaufbau Berlins.

Was ich auch nur aus Erzählungen kenne, war die erste Berlinblockade. Die sowjetische Besatzungsmacht hatte damals aus verschiedensten Gründen heraus die Land- und Wasserwege nach Westberlin gesperrt. Abgeschnitten wurde auch die Versorgung mit Strom aus Ostberlin. Über zwei Millionen Menschen lebten damals in der Stadt. Wir alle mussten grundversorgt werden. Meine Eltern, meine Großeltern, meine Schwester Ursel und ich als Winzling gehörten zu diesem »Wir«.

Nur ein Luftweg als Korridor nach Berlin war damals für die Westmächte offen. So flogen ab Juni 1948 über den Zeitraum von fast zwölf Monaten hinweg vorwiegend amerikanische Frachtflugzeuge – im Volksmund liebevoll »Rosinenbomber« genannt, weil deren Piloten auch Süßigkeiten für Berliner Kinder abwarfen. In knapp 278 000 Flügen wurden über zwei Millionen Tonnen Fracht, bestehend aus Lebensmitteln, Medikamenten, Textilien, Benzin und Diesel bis hin zu Heizmaterial wie Stein- oder Braunkohle nach Westberlin gebracht. Die Carepakete, die wir dem Mut der amerikanischen Piloten zu verdanken hatten, haben dafür gesorgt, dass wir Berliner nicht hungern und frieren mussten. Auf dem Rückweg gen Westen nahmen sie auch unterernährte Kinder mit an Bord, die an anderer Stelle wieder aufgepäppelt wurden.

Meine ersten eigenen Erinnerungen gehen auf eine Zeit zurück, in der die Trümmerfrauen im Westsektor der Stadt, wo ich lebte, größtenteils verschwunden und die größten Wunden geschlossen worden waren. Das Haus, in dem wir wohnten, und seine Umgebung waren im Krieg Gott sei Dank nicht zerstört worden. Reinickendorf selbst war ein aus heutiger Sicht grüner Bezirk, der durch die vielen offenen Schrebergärten eher ländlich geprägt war. Unserer Familie ging es trotz der vielen Entbehrungen der Nachkriegszeit leidlich gut, andere hatten es da wesentlich schlechter. In der gegenüberliegenden Schrebergartenanlage besaßen wir einen eigenen Garten mit vielen Obstbäumen, der uns gut versorgte.

Meine frühen Kindheitserinnerungen an Berlin sind nicht besonders spektakulär, in erster Linie sind es Schulgeschichten. Meine Lieblingsfächer waren Musik, Kunst und Geschichte, Deutsch und Sport. Zur Schule musste ich in der Regel rennen, weil ich mich mit Vorliebe zu spät auf den Weg machte. Als ich älter wurde, wurde Reinickendorf mir mit der Zeit zu eng und ich erweiterte meinen Aktionsradius. Es zog mich als Teenie dorthin, wo sich Künstler trafen, weil mir das Malen und das Bildhauern im Kopf herumspukten. Nach der Schule ging es meist direkt in die Hardenbergstraße Richtung Hochschule für Bildende Künste, wo die Künstler schräg gegenüber auf der sandigen Terrasse des Cafés am Steinplatz ihren Espresso tranken. Ich wollte unbedingt mit ihnen ins Gespräch kommen. Außerdem gab es dort gleich nebenan ein kleines Kunstfilmkino, wo man die neusten französischen Filme sehen konnte. Existenzialismus war angesagt. Nächtelang wurde nicht nur gefeiert, sondern auch diskutiert und die Auseinandersetzung mit politischen Verhältnissen gesucht. Das Café am Steinplatz oder die Paris Bar waren die Treffpunkte. Die politischen Themen drehten sich um Vietnamkrieg, Mauerbau, Nachrüstung und Atomwaffen.

Die politisch bewegten Jahre des Kalten Krieges und die besondere Situation Berlins als Frontstadt zwischen den Weltmächten machten mich schon früh wach für politische Zusammenhänge und zu jemandem, der sich aktiv einmischen wollte. An das Steinewerfen gegen den Mauerbau habe ich noch eine ziemlich greifbare Erinnerung. 1961 war ich sechzehn, und wir haben uns auf der Straße vor der Mauer im Westen Berlins den Hintern kaltgesessen und wurden immer mal wieder von der Polizei auseinandergetrieben.

Auch an Kennedys berühmte Rede am 26. Juni 1963 vor dem Rathaus Schöneberg in Westberlin erinnere ich mich ziemlich gut. Fast die ganze Stadt war auf den Beinen, und mit seinem Ausspruch »Ich bin ein Berliner« solidarisierte er sich mit uns Menschen auf der »Insel« Westberlin und gab uns ein Stück Hoffnung.

Trotz all dieser Begeisterung für den jungen amerikanischen Präsidenten spielte natürlich auch eine große Enttäuschung mit. Zwei Jahre zuvor hatte er den Mauerbau noch als »keine sehr schöne Lösung, aber tausendmal besser als Krieg« bezeichnet. Das erschien uns als politisch denkende Jugendliche wirklich wie Heuchelei. »Wenn er tatsächlich ein Berliner gewesen wäre, hätte er das nicht getan«, höre ich meine empörte Stimme von damals. Auf Grundlage dieses Verhaltens hat sich bei mir eine ziemliche Skepsis gegenüber dem imperialen Gehabe der US-amerikanischen Administration entwickelt.

Das Berlin meiner halbwüchsigen Jahre war natürlich auch das Berlin der vielen Jazz-Clubs und Kneipen. Gemeinsam mit Freundinnen und Freunden sind wir durch die Musiklokale und -keller gezogen und haben uns die Nächte um die Ohren geschlagen. Mein damaliger Freund spielte in einer Studentenband, den »Red Onions«, und wir waren viel in der Jazz- und Liedermacherszene unterwegs. Manchmal haben wir *just for fun* auf dem Kreuzberger Bildermarkt, in Studentenkneipen und der »Kleinen Weltlaterne« Musik gemacht. Hertha Fiedler, Chefin der Malerkneipe Weltlaterne, hatte illustre Gäste: Günter Grass trank hier sein Bier, Friedensreich Hundertwasser, Henry Miller und Friedrich Dürrenmatt verkehrten dort.

Es war die Zeit des politischen Kabaretts, wie zum Beispiel das »Reichskabarett« mit Hanns Dieter Hüsch, und die Berliner Liedermacherszene keimte gerade auf, Reinhard Mey, Hannes Wader und Schobert & Black waren einige ihrer Vertreter.

Berlin brodelte in der Zeit des kalten Krieges auf allen Ebenen – insbesondere auch auf der politischen. Dieses »hautnah mittendrin im Weltgeschehen zu sein« hat mich herausgefordert und nachhaltig beeinflusst.

Auch mein späteres SPD-Engagement hängt mit Berlin zusammen – dort gab es schon, als ich Kind war, hochengagierte sozialdemokratische Bürgermeister, die für uns wirklich Hoffnungsträger waren. Luise Schroeder, Ernst Reuter und später mein politischer Ziehvater Willy Brandt.

Berlin als Janzes zu beschreiben
det jeht nich, kannste bleibnlassen
da kann die Dichtkunst Blüten treiben
du kannst die schönsten Lieder schreiben
und Dir Jeschichte einverleiben
es wird een Stück-für-Stück-Werk bleiben
det »janz Berlin« is nicht zu fassen!

Doch grade det schafft Akzeptanz
da sind Erfolge unausbleiblich
det jibt Berlin den Strahleglanz
von Mischkultur und Toleranz
von Firlefanz und Elejanz
Repäsentanz und Disonanz
det »janz – Berlin« is unbeschreiblich.

Man könnte sagen als Replik:
Berlin det is`n Mosaik
Mein Programm will sozusagen
paar bunte Steine zusammentragn
– Lieder und Jedichte
Geschichtchen und Jeschichte
zu enem Bild der Zeiten und der Zeit
des Heute und der Verlorenjegangenheit
SIEGFRIED RABE, AUS KATJA EBSTEIN:
»BERLIN … TROTZ UND ALLEDEM«

Einmal im Monat nach Berlin, das muss sein. Auch weil meine gesamte Verwandtschaft dort wohnt. Berlin ist für mich wie Haut. Dabei spielt auch die berühmte Berliner Schnauze eine Rolle. In diesem Humor fühle ich mich zu Hause, weil er selbst die größten Katastrophen humoristisch relativieren kann. Wie heißt es so schön: »Er ist oft sehr herzlich, doch meist ist er schmerzlich.« Warum sollte ich meine Berliner Herkunft verleugnen, oder wie es mein Kollege Peter Maffay in einem Interview feststellte: »Katja ist eine interessante Mischung aus Berliner Göre und Weltdame« – auch wenn ich mich mit Letzterem schwertue. Es sei denn, er meint damit Qualitäten wie Weltoffenheit und Weite, die mir durch Berlin zugewachsen sind. Berlin war mir immer menschliche, politische und künstlerische Reibung.

Was ich an meiner Zuhause-Stadt liebe: Sie ist immer so schön unfertig und soll so auch bleiben. Wie mein Leben eben auch.

3

Auf den Straßen
in den Sechzigern

Zwei im wahrsten Sinne des Wortes beeindruckende und folgenreiche Begegnungen in meinem Leben führen ins Berlin der sechziger Jahre. Beide mir geistig sehr nahe Menschen wurden Opfer hinterhältiger, verabscheuungswürdiger Taten. Diese Verbrechen zogen auf unterschiedliche Weise jeweils tödliche Folgen nach sich – für den einen sofort, für den anderen elf Jahre später. Beide Menschen stehen gleichzeitig – wenn auch auf traurige Weise – für ein Stück deutscher Zeitgeschichte. Und beiden werde ich mich für immer im Herzen verbunden fühlen, wenn die Erinnerung auch schmerzlich ist: Benno Ohnesorg und Rudi Dutschke.

Ohnesorg und Dutschke waren Anfang der sechziger Jahre nach Westberlin gekommen. Der eine als Braunschweiger Studienaspirant, der andere wurde später Kopf der Studentenbewegung. Diese entstand parallel zu den Studentenprotesten in Westeuropa und der in den USA aufkeimenden Bürgerrechtsbewegung. Eines meiner Vorbilder in dieser Zeit war der schwarze Bürgerrechtler Martin Luther King. Plattform und Ausgang der Entwicklung in Berlin in Sachen Studentenbewegung war zunächst der Sozialistische Deutsche

Studentenbund – kurz SDS. Dessen Ziel und Antriebs-
feder war über die Jahre hinweg unter anderem die voll-
ständige Entnazifizierung der deutschen Gesellschaft
und deren umfassende Demokratisierung sowie ein
Aufbegehren gegen autoritäre Strukturen, das übrigens
auch die DDR mit einbezog. Die Freiheit und Würde
des Menschen, die Bewahrung seiner Grundrechte und
die Befreiung vom Kapitalismus standen im Laufe der
Sechziger ebenso auf der Agenda wie der Kampf gegen
Imperialismus und Feudalismus. Auch die Freiheit und
Verantwortung der Presse inklusive der Beschränkung
der Macht des Springer-Konzerns sowie Bildungs- und
Hochschulreformen waren wichtige Themenfelder.
»Unter den Talaren – der Muff von 1000 Jahren« waren
die geflügelten Worte der Achtundsechziger. Der Aufbau einer außerparlamentarischen Opposition, die sich
vor allem den Menschenrechten verpflichtete, war ein
weiteres Ziel und bereits in der Entwicklung. Die APO
sollte als Korrektiv zur bestehenden Parteienlandschaft
dienen.

Was mich persönlich in dieser Zeit besonders um-
trieb und mich auch sehr empfänglich für die Proteste
der Studenten machte, war die unaufgeräumte Nazi-
Zeit. Im Geschichtsunterricht wurde uns in der zehnten
Klasse der Dokumentarfilm über den Holocaust von
Alain Resnais »Nacht und Nebel« (Originaltitel: »Nuit
et brouillard«) gezeigt. Ein absoluter Schocker. Die
Bilder aus diesem Film wurde ich Jahre nicht mehr los.
Resnais reihte ein Dokument nach dem anderen über

den Holocaust und die Vernichtungslager aneinander, insbesondere Material aus dem KZ Auschwitz. Seitdem ich diese Bilder gesehen habe, bin ich gegen das Vergessen unterwegs, immer noch unfähig zu fassen, was Menschen Menschen antun können.

Was für uns damals kaum auszuhalten war, waren die Fragen: Wo waren die Nazis alle hin? Oder wie waren sie auf einmal über Nacht zu Demokraten geworden, die nun eifrig dabei waren, ihren Wohlstand wieder aufzubauen und ihre Posten und Pöstchen einzunehmen? Obwohl ich mit diesem Krieg nichts zu tun hatte, fühlte ich mich irgendwie kollektiv schuldig und wollte nicht begreifen, warum keine Auseinandersetzung mit dem Naziregime stattfand. Ich empfand dieses stumme Verdrängen dieses monströsen Verbrechens in der damaligen Nachkriegsgesellschaft als katastrophal.

Doch nun zu Benno. Bei einem unserer Gespräche auf Amrum hatte er mir erzählt, dass der Militärdienst auf ihn zukomme, er aber mit Waffen nichts zu tun haben wollte und über Ersatzdienst nachdachte. Benno war bekennender Pazifist und in seinem Handeln wie ich christlich motiviert. Ich wusste von der Regelung, dass man in Berlin nicht eingezogen wurde, wenn man studierte, und machte ihn darauf aufmerksam. Von Amrum ging Benno aber erst mal wieder zurück nach Braunschweig, um am Braunschweig-Kolleg sein Abitur nachzuholen. So haben wir uns für einige Jahre aus den Augen verloren. Nach bestandener Reifeprüfung zog er nach Westberlin, um zu studieren, dort trafen wir uns wieder. Er bewarb sich an der Staatlichen Hochschule der Bildenden Künste, wurde allerdings abgelehnt. Anschließend begann er, an der Freien Universität Berlin Germanistik und Romanistik zu studieren. Er wollte Gymnasiallehrer werden. Seine Zulassung zum Studium haben wir gemeinsam mit Freunden in einer Studentenkneipe gefeiert.

In unregelmäßigen Abständen haben wir uns immer wieder getroffen. Benno und ich hatten viele gemeinsame Themen und Leidenschaften. Benno war ein Poetenkopf und musischer Fein- und Schöngeist, was meinem Wesen sehr nahekam. Auch politisch waren wir uns einig, u. a. in Sachen Anti-Atom, Anti-Vietnamkrieg oder im Blick auf das Unrecht in der »Dritten Welt«. Die Freundschaft mit Benno war eine mühelose – mit sehr viel Tiefe. Benno war einfach ein sehr feiner Mensch. Am 2. Juni 1967 waren wir auf derselben Demo. Für Benno war es seine erste. Und tragischerweise sollte es seine letzte werden. Er war kein Mensch, der auf Demonstrationen zu Hause war. Er war mehr Protestant als Protestierer. Seine politische Haltung transportierte er gerne durch das geschriebene, kraftvoll-klare Wort. Seine Auftrittsfläche war das Papier. Seine Arbeiten – mit Vorliebe Gedichte – waren mit einem Pseudonym versehen.

Die Demonstration stand im Zusammenhang mit dem Schah-Besuch in Westberlin. Der von der Bundesrepublik Deutschland und seinen Vertretern aus strategisch-taktischen Gründen heraus mit viel Pomp hofierte

Schah von Persien, Mohammad Reza Pahlavi, kam an diesem Tag mit seiner Frau Farah zum Staatsbesuch nach Westberlin. Dieser von den Unterhaltungsgazetten der Zeit umgarnte Mann galt für uns als Marionette der USA und Unterdrücker seines eigenen Volkes. Und als einer der brutalsten Feudalherrscher seiner Zeit, der sich selbst als »König der Könige« bezeichnete. Die Menschenrechtssituation im Iran und die Lebensbedingungen für einen Großteil der Bevölkerung dort waren unter ihm nachweisbar katastrophal. Politische Folter war an der Tagesordnung. So galt der persische Schah auch als generelles Symbol für die Unterdrückung seines Volkes und für die rigide Gewaltherrschaft in der damals sogenannten Dritten Welt. Grund genug zum Protest. Konkreter Anlass, sich an der abendlichen Demo vor der Deutschen Oper zu beteiligen, war für mich und meine Freunde eine Nachricht im RIAS, dem damaligen Rundfunksender im amerikanischen Sektor der Stadt. Informiert wurde dort darüber, dass in Bussen der Berliner Verkehrsbetriebe vorgefahrene Schah-Anhänger um die Mittagszeit vor den Augen der Berliner Polizei am Schöneberger Rathaus auf demonstrierende Studenten und Studentinnen einschlugen. Der Schah war dort zur Eintragung ins Goldene Buch der Stadt eingeladen. Für das Einprügeln auf Demonstranten setzten diese später als »Jubelperser« bezeichneten Kräfte Holzlatten ein, die zuvor die von ihnen in die Höhe gehaltenen Grußplakate für den Schah getragen hatten. Die etwa hundertfünfzig schlagenden Schah-

Anhänger durften im Anschluss vor den Augen der Polizei ungehindert abziehen. Wie sich im Nachhinein herausstellte, waren die Schläger teilweise Angehörige des iranischen Geheimdienstes. Zusätzlich zu den Attacken der »Prügelperser« jagten im Anschluss auch uniformierte Polizisten Protestierende. Das erschien mir Grund genug zur Teilnahme an der Demo am Abend. Benno war durch den Vortrag eines Exilpersers am Vorabend angeregt worden, ebenso auf die Anti-Schah-Demo zu gehen. Schnell hatte er noch nach dem Gehörten aus einem Kissenbezug ein Transparent mit der handgepinselten Aufschrift »Autonomie für die Teheraner Universität« gemalt. Wegen seines Engagement in Sachen Feudalismus und Menschenrechtsverletzungen war es ihm ein Anliegen, politisch Haltung zu zeigen. So verabredeten wir uns unverbindlich vor der Berliner Oper, wo der Schah samt Eskorte empfangen werden sollte. Wobei Benno es noch offenließ, ob er überhaupt und wenn dann eventuell zusammen mit seiner Frau Christa zur Demo kommen würde. Als ich mit Freunden vor der Oper angekommen war, konnte ich sie aber in der brodelnden Menge unmöglich finden. An das an diesem Abend Geschehene erinnere ich mich sehr genau: Rund zweitausend protestierende Menschen und außerdem viele Schaulustige waren bis circa neunzehn Uhr in der Bismarckstraße vor dem Opernhaus versammelt – mit uns auf dem Platz auch die Mitglieder der Kommune 1. Wir Protestierende trafen auf das bis dahin größte Polizeiaufgebot in der Geschichte der Bundesrepublik. Die Polizei war sichtlich nervös. Zwischen halb acht und halb neun sollte es dann zu einer massiven und verhängnisvollen Entgleisung des staatlichen Gewaltmonopols kommen.

Neben den Polizisten selbst standen wieder die »Jubelperser« vom Mittag, die für ihren Kaiser Beifall klatschten. Kurz vor zwanzig Uhr stieg das »kaiserliche Paar« aus einem Mercedes 600 unter dem Vordach der Oper zum Schutz vor Farbeier- und Tomatenwürfen aus. Nach dem Eintreffen des Schahs in der Oper ging kurz nach zwanzig Uhr die Polizeimacht in tausend Mann Stärke unvermittelt und ohne Ankündigung immer härter und brutaler mit Reizgas, Schlagstöcken und Wasserwerfern gegen uns als friedliche Demonstranten vor. Der Befehl zur Räumung war erfolgt. Der Schah sollte beim Verlassen der Oper unbehelligt zurück in sein Hotel fahren können. Wir galten als Störer dieses panoptischen Geschehens. Als »Leberwursttaktik« bezeichnete der damalige Polizeipräsident das dann folgende Vorgehen der Polizei. »Nehmen wir die Demonstrantenmasse wie eine Leberwurst, nicht wahr, dann müssen wir in die Mitte hineinstechen, damit sie am anderen Ende platzt«, so lautete das später in den Medien auffindbare Originalzitat. Welch menschenverachtender Klang, der letztendlich durch die Polizeikräfte genauso und entsprechend in Wirkung gesetzt wurde. Während für den Schah in der Deutschen Oper Mozarts »Zauberflöte« gegeben wurde, begann draußen gemäß der Vorgabe eine von der Polizei hervorgerufene und betriebene Schlacht unsäglichen Ausmaßes. Beim Aufmarsch der Wasserwerfer haben meine Freunde und ich den Platz der Demonstration verlassen. Zu bedrohlich war das Szenario. Es war für mich schon zu diesem Zeitpunkt erschreckend genug zu sehen, wie die sogenannte Staatsmacht gegen die eigene Bevölkerung vorging. Berlin fühlte sich für mich an diesem Abend wie eine Diktatur an, wie ein Polizeistaat. Die Entdemokratisierung des Staatssystems durch eine enthemmte Polizeigewalt wurde unter uns schon des Öfteren diskutiert – und lag auch an diesem warmen Frühsommerabend ganz besonders stark in der Luft.

Benno und Christa, die hochschwanger war, befanden sich an einem anderen Ort der Demo. Sie wurden, wie ich später erfuhr, durch ein enges Spalier mit Wasserwerfern gegen halb neun abends von Polizisten in Richtung Krumme Straße, einer Seitenstraße der deutschen Oper, abgedrängt. Polizisten in Uniform sowie in Zivil – die sogenannte politische Polizei – verfolgten anschließend überfallartig und wie wild geworden die Abgedrängten und Flüchtenden, um sie weiter mit Knüppeln zu verprügeln und auseinanderzujagen. Hunderte wurden krankenhausreif geschlagen. Die politische Polizei war – wie sich später herausstellen sollte – mit Schusswaffen des Typs Walther PKK, unsichtbar im Jackett deponiert, ausgestattet. »Fuchsjagd« war die interne Bezeichnung für diese geplante Aktion. Bis heute wird mir übel, wenn ich an diese brutale Ausübung von Staatsgewalt denke. Benno – bis dahin unbehelligt – sah im Laufe dieser

Aktion, wie in Panik flüchtende Studentinnen und Studenten in eine Kesselsituation im Hof des auf Stelzen stehenden Hauses Krumme Straße 66/67 gerieten. Das offene Erdgeschoss mit seiner Ummauerung diente als Parkplatz. Aus diesem drang Geschrei. Er trennte sich von Christa, um dem Geschehen nachzugehen und zu einer Deeskalation beizutragen. Christa brachte sich so schnell wie möglich raus aus diesem Kesseltreiben. Sie sollte ihren Mann nie mehr lebendig wiedersehen. Im Innenhof des besagten Hauses – einer Art Sackgasse – schoss in der Folge ein Zivilpolizist Benno aus eineinhalb Metern Entfernung gezielt und ohne jeden Anlass eine Kugel in den Kopf. Obwohl Benno Ohnesorg mit erhobenen Händen dastand. »Bitte, bitte, nicht schießen«, seien seine letzten Worte gewesen.

Der Polizist, der geschossen hatte, hieß Karl-Heinz Kurras. Zeugen und Aufzeichnungen von Journalisten und Fotoreportern belegten das Geschehen am 2. Juni. Benno starb noch an diesem Abend mit sechsundzwanzig Jahren – auch in Folge verhinderter Hilfeleistung. In einem Krankenwagen wurde er schwerverletzt abtransportiert und in einer Odyssee bei zweimaliger Ablehnung einer Krankenhausaufnahme durch die Stadt gefahren. Gegen etwa zweiundzwanzig Uhr wurde er letztendlich im Krankenhaus Moabit als dritte Anlaufstation nach Aussage des Krankenwagenfahres tot eingeliefert – und dort durch die Unterschrift eines iranischen Assistenzarztes auf Geheiß seiner Vorgesetzten offiziell erst um 22.55 Uhr für tot erklärt. Die Ironie des

Schicksals: Dieser Assistenzarzt war für den Fall eines Attentates auf den Schah gemeinsam mit einer eigenen Blutbank und einem ärztlichen Team vor Ort.

Von Bennos Tod habe ich am darauffolgenden Tag durch die Medien erfahren. Völlig fassungslos und schockiert konnte ich es erst gar nicht glauben. Die Polizei versuchte zunächst, durch Falschangaben und Falschaussagen die tatsächlichen Geschehnisse zu vertuschen. So stand auf dem Totenschein als Todesursache »Schädelbasisbruch durch stumpfe Gewalteinwirkung«. »Unglücklich gestürzt« war eine gesetzte Interpretation. Auch ein kurzfristiges, wenig sorgfältiges Herausbrechen eines Schädelknochens rund um das Einschussloch mit anschließendem wieder überdeckendem Vernähen der Kopfhaut sollte beim Vertuschen helfen. Diese Aktion lief unter der Überschrift »Notoperation am noch lebenden Benno Ohnesorg« – obwohl Benno schon tot in der Klinik eingeliefert wurde. Dies bestätigten ebenfalls Zeugenaussagen. Die Wahrheit »Kopfschuss« kam trotzdem einen Tag später durch eine auf Anweisung des Innensenators durchgeführte Obduktion ans Tageslicht. Im Anschluss wurde von verantwortlicher Seite versucht, dieser Tatsache Faktoren wie »Querschläger« oder »Warnschuss« zuzuordnen. Karl-Heinz Kurras wurde trotz klarer, faktisch dokumentierter Beweislage ob dieses gezielten Todesschusses nie verurteilt – oder besser gesagt, er wurde zeitnah freigesprochen. Geklagt wurde ohnehin »nur« auf »fahrlässige Tötung«.

Im Prozessverlauf waren einige wichtige Beweisstücke plötzlich verschwunden. Kurras' Kollegen beteiligten sich mit an der Vertuschung der Tat und deckten ihn. Seine Vorgesetzten, ehemalige NSDAP- und SA-Angehörige, wirkten zusätzlich in diese Richtung. Zeugenaussagen blieben unberücksichtigt oder wurden nicht zugelassen. Dieser Freispruch durch eine offensichtlich ebenso parteiische Justiz – besetzt mit ehemaligen Richtern des »Dritten Reiches« – stellt bis heute für mich einen Skandal dar. »Es sei nicht mit Sicherheit zu klären, was der Angeklagte falsch gemacht habe.« Dieser menschenverachtende Justizskandal harrt meiner Ansicht nach noch seiner vollumfänglichen Aufarbeitung. Auch wenn Kurras in der Zwischenzeit verstorben ist.

In der Berliner Politikszene hatte das am 2. Juni Geschehene Gott sei Dank Folgen. Polizeipräsident, Innensenator und Regierender Bürgermeister mussten ihren Hut nehmen. Ein Großteil der Berliner Presse und insbesondere die Publizisten des Springer-Verlages stellten die Ereignisse dennoch weiter als Auswüchse eines aggressiven Studentenprotestes dar. Die »Bild-Zeitung« schrieb: »Ein junger Mann ist gestern in Berlin gestorben. Er wurde Opfer von Krawallen, die politisch Halbstarke inszenierten. Ihnen genügt der Krawall nicht mehr. Sie müssen Blut sehen.«

Aus unserer Insel der Freiheit, unserem Berlin, war über Nacht für meine Freunde und mich eine dumpfe politische Provinz voller Intrigen, Lügen, Täuschungen und Gewalt geworden. Der gewaltsame Tod von Benno rief in der jungen Generation blankes Entsetzen hervor und löste in der studentischen Bewegung einen Dammbruch aus. Bennos Tod wurde zunehmend als ein Angriff auf unsere gesamte junge Generation gesehen. Einer von uns war erschossen worden, ohne Sinn und Verstand! Es war der Schuss, mit dem sich aus heutiger Sicht die Achtundsechziger radikalisierten. Mit der Überstellung von Bennos Leiche von Westberlin über den extra dafür von der DDR freigegebenen und für den öffentlichen Verkehr gesperrten Transitweg nach Westdeutschland weitete sich die Studentenbewegung auch auf das restliche Deutschland aus. Massendemonstrationen in allen großen studentischen Städten waren die Folge. Etwa vierzig Prozent der Studierenden in ganz Deutschland beteiligten sich an Trauermärschen und Demonstrationen. Benno Ohnesorg – ein bis dahin in der Öffentlichkeit unbekannter junger Mann – wurde aufgrund seines gewaltsamen Todes zum Märtyrer einer ganzen Generation und markierte einen Wendepunkt deutscher Nachkriegsgeschichte.

Am 9. Juni 1967, wurde Benno Ohnesorg in Hannover auf dem Bothfelder Friedhof im Familienkreis beigesetzt. Um die zehntausend Menschen – meist Studenten – unter ihnen auch ich – waren nach Hannover gekommen, um Benno auf seinem letzten Weg beizustehen. Es war ein endloser Trauerzug, der sich als Schweigemarsch ohne Transparente oder laute Parolen durch die Innenstadt zog.

Im November 1967 kam Bennos und Christas gemeinsames Kind auf die Welt – ein Junge. Er wurde auf den Namen Lukas getauft. Der in Berlin wirkende evangelische Pfarrer und Professor, der Theologe Helmut Gollwitzer – ein Freund Bennos –, übernahm die Patenschaft für das Kind. Ich hatte nach dem Tod Bennos versucht, Christa zu erreichen. Erfolglos. Vom Schock völlig überwältigt und bedrängt von den öffentlichen Medien hatte sie sich buchstäblich vergraben. Dadurch löste sich unser Kontakt auf. Bis zu ihrem Tod im Jahr 2000 gab es keinerlei offizielle Entschuldigung des Senats bei ihr oder ihrem Sohn, der seinen Vater nie kennenlernen durfte.

Rudi Dutschkes Sohn Hosea-Che war bereits drei Monate auf der Welt, als sein Vater ebenfalls Opfer eines feigen und brutalen Angriffs wurde. An den Folgen dieses Verbrechens starb Rudi dann elf Jahre später in seiner dänischen Wahlheimat Aarhus – genauer gesagt am Weihnachtsabend 1979 durch einen epileptischen Anfall in der Badewanne. Er ertrank.

In der absoluten Hingabe an die Wahrheit liegt mehr oder weniger der einzige Grund unseres Lebens. Nur durch das ununterbrochene Streben nach der Wahrheit können wir Freiheit und Ordnung erreichen.
RUDI DUTSCHKE

Rudi Dutschke, das Idol und der Motor der Achtundsechziger-Bewegung, wurde von seinen Gegnern – und hier nenne ich insbesondere die Springer-Presse – als Volksfeind Nr. 1 diffamiert, dämonisiert und systematisch bekämpft. Dieser Hetzjagd schreibe ich bis heute letztendlich die Verantwortung für das Attentat und auch für den Tod Rudis zu. Ja, man könnte sagen, Springer hat Rudi Dutschke auf dem Gewissen.

Rudi Dutschke bin ich zum ersten Mal im Café am Steinplatz begegnet. Er trug »Das kommunistische Manifest« von Marx und Engels unterm Arm – so wie eigentlich nahezu immer. Ich kannte ihn als Studentenführer und Student der Soziologie und Philosophie und sprach ihn einfach auf das dicke Buch an. So kamen wir ins Gespräch und haben uns nach dieser ersten Begegnung am Steinplatz in unregelmäßigen Abständen immer wieder mal im Café oder auf Demos getroffen – und ab und zu intensive Dialoge geführt, über Politik und Philosophie, aber vor allem über Jesus. Rudi war eigentlich ein eher zurückhaltender Mensch – wenn man aber »seine« Themen ansprach, sprudelte es nur so aus ihm heraus.

Durch ihn lernte ich einiges über den Marxismus und den Kommunismus, dessen philosophischer Ansatz, nicht so sehr dessen Ideologie, mir als ideale Utopie erschien, wären wir Menschen denn in der Lage, sie zu leben. Aber dass Jesus der erste und einzige Mensch war, der den Kommunismus lebte, darüber war ich mir mit Rudi einig.

Aufgrund dieser Haltung hat Rudi Gegenentwürfe zur sichtbar »unheilen« Welt gesucht, Gegenentwürfe zu Unrecht, Ausbeutung, Unfreiheit, Hunger und Leid. Eine Welt ohne Hunger und Kriege fällt nicht vom Himmel, sagte er. Jesuanische Radikalität im Handeln war für ihn angesagt.

Rudi war in meinen Augen Philosoph und Utopist, Visionär und Kämpfer – fern im Traum und gleichzeitig nah der Erde, dem Konkreten verbunden. Auch seine Fähigkeit zum Zuhören, seine Bescheidenheit, seine Leidenschaft, seine Offenheit, sein klarer Verstand und seine Herzlichkeit imponierten mir. Innere Freiheit war für Rudi nicht zu trennen von äußerer Freiheit. Die Trennung zwischen Denken und Sein, zwischen Theorie und Praxis lehnte er rundweg ab. Und er war überzeugter Pazifist – hatte in diesem Zusammenhang auch den Militärdienst in der DDR-Volksarmee verweigert. Gewalt gegen Menschen lehnte er ab. Gewalt gegen Sachen wie etwa Eisenbahnschienen oder Überlandleitungen als Protestaktion hatte er sich in bestimmten Fällen gedanklich erlaubt, solange dabei niemand verletzt würde. Doch hat er diese Art von Gewalt nie praktiziert – weil letzten Endes doch nie auszuschließen war, dass Menschen zu Schaden kommen, wie seine Frau Gretchen später erzählte. Er war kein politischer Rowdy, kein Prediger von Umsturz und Gewalt, kein Feind der Demokratie. Aber genau das versuchten seine Gegner ihm anzudichten und sahen ihn als Vorbereiter des Terrorismus. Doch Rudi war weder Vater noch Befürworter der späteren Roten Armee Fraktion. Aus seiner Sicht war die RAF eine politische Degeneration.

Von seinem politischen Standpunkt aus war Rudi Dutschke für mich ein klarer Vertreter des demokratischen Sozialismus, einer demokratischen Linken mit emanzipatorischem Ansatz. Er wollte eine »Menschenrepublik, in der allgemeine Gewissensfreiheit« herrscht. Um das zu erreichen, propagierte er den »langen Marsch durch die Institutionen«. Die Handlungsfreiheit des Individuums war ihm dabei ein wichtiges und zu schützendes Gut. Er sehnte sich nach der Befreiung aller Menschen von Krieg, Angst und Ausbeutung und pflegte selbst ein optimistisches, vertrauensvolles Menschenbild. »Welch ein Meisterstück ist der Mensch«, war ein von ihm sehr gerne verwendetes Shakespeare-Zitat. Wobei ich ihm da zum Teil widersprach: »Der Mensch hat ein gelegentlich schräg funktionierendes Hirn, und kann damit viel Unsinn machen.«

Wie Benno Ohnesorg hatte Rudi Dutschke guten Kontakt zu Helmut Gollwitzer und dessen Frau Brigitte. Die Gollwitzers haben Rudi sehr gemocht – genauso wie der Philosoph Ernst Bloch. Und auch sonst hatte er bekannte Unterstützer wie Günter Grass, Erich Fried oder Dieter Hildebrandt, mit dem er Fußball spielte und den ich später selbst noch kennenlernte.

Für mich als Schülerin war Rudi eine Lichtgestalt, die von der Springer-Presse in ihrem Revolverblatt mit allen Mitteln bekämpft und verunglimpft wurde. »Stoppt den Terror der Jungroten« war eine der Schlagzeilen, mit der sie in Verbindung mit gezielt eingesetzten abschreckenden Fotos Stimmung gegen Rudi machte. Das führte u. a. dazu, dass auf Demos der Rechten Schilder wie »Dutschke ins KZ« oder »Vergast Dutschke« hochgehalten wurden.

In dieser aufgeheizten Stimmung schoss am 11. April 1968 kurz vor Ostern ein aus München angereister Josef Bachmann nachmittags um 16.30 Uhr auf offener Straße auf Rudi Dutschke und verletzte ihn mit drei Schüssen lebensgefährlich.

»Mord beginnt mit einem bösen Wort über einen Mitmenschen«, tönte es damals am 12. April aus den Radios. Bischof Kurt Scharf sprach in seiner Karfreitagpredigt davon, dass wir »alle, die in Berlin leben, mitschuldig an diesem Attentat sind«. Rudi überlebte diesen schweren Anschlag und kämpfte sich Schritt für Schritt ins Leben zurück. Offensichtlich sei er zu jung für die Politik gewesen, meinte er später. Er zog sich zurück und suchte das Exil. Seine Reise führte ihn über die Schweiz, England und Norwegen letztendlich nach Dänemark.

Dieses Attentat auf Rudi war eine Zäsur für die Achtundsechziger-Bewegung und gleichzeitig der Beginn ihres Zerfalls. Zum Zeitpunkt des Attentats auf Rudi wohnte ich bereits in München. Rudi bin ich dann bis zu seinem Tod im Jahre 1979 hier und da immer wieder einmal bei verschiedenen Veranstaltungen begegnet – unter anderem kurz vor seinem Tod bei der Sendung »Literatur«, in der wir über die Aktualität von Heine in der heutigen Gesellschaft sprachen.

Sehr gerne wäre Rudi Dutschke nochmals in die Politik gegangen. Kurz vor seinem Tod war er an der

Gründung der Berliner Grünen Liste beteiligt, die als erste Öko-Partei in ein deutsches Landesparlament einzog. Auch war er als Delegierter für die Gründung der Bundespartei Anfang 1980 in Karlsruhe nominiert. Den Gründungsparteitag der Grünen sollte er jedoch nicht mehr erleben.

Rudi ist für mich einer der großen Utopisten seiner Zeit. Er wurde geliebt, gehasst, verspottet, überhöht, gejagt und denunziert. Heinrich Böll bezeichnete Rudi Dutschke nach seinem Tod als »Deutschgekreuzigter«.

Und was haben die Achtundsechziger gebracht? Ganz sicherlich war die politische Kultur nach 1968 eine andere. Die Bewegung hat in der Bundesrepublik einiges verändert. Das Leben wurde demokratischer, politischer und pluralistischer. Weltweit gesehen waren wir Teil einer globalen Kulturbewegung, die alle Bereiche aufmischte: Musik, Kunst, Mode, Design, aber auch Ausdrucks- und Umgangsformen. Was ich mir wünsche? Dass unsere Gesellschaft in zentralen Fragen und insbesondere die Jugend wieder politischer wird und gerne auch die Straße als Ausdruck von Protest nutzt – wie zum Beispiel früher bei den Ostermärschen. Diese Demos für den Frieden sind kaum mehr sichtbar. Die »Fridays-for-Future«-Bewegung ist für mich da ein schönes Hoffnungszeichen am Himmel der Gleichgültigkeiten unserer Zeit.

4

Katja sehen –
Willy wählen

W ir wollen mehr Demokratie wagen« – dieser legendäre Leitspruch stammt von einem Mann, den ich Anfang der siebziger Jahre kennenlernte. Danach wurde er zu meinem politischen Lehrer. Als er 1957 zum Regierenden Bürgermeister von Berlin gewählt wurde, war ich als Berliner Göre von seiner leidenschaftlichen Art mitgerissen. Es war Willy Brandt, und ihm flogen die Herzen nur so zu – und nicht nur die jungen. Für uns Berliner war er Mut- und Muntermacher, und durch ihn erzielte die SPD die höchsten Wahlergebnisse. 1963 votierten in Berlin knapp zweiundsechzig Prozent für die Sozis. Diese Spitzenergebnisse sollten sich dann auch auf Bundesebene fortsetzen. So kam die SPD dort in einem Wahljahr bis knapp an die Fünfzig-Prozent-Grenze – und das bei einer Wahlbeteiligung von neunzig Prozent. Das waren wirklich noch Zahlen, da lacht das Herz der Demokratie. Ich bin mir sicher, diese Ergebnisse hatten in erster Linie mit der Person Willy Brandt zu tun.

Das Berlin meiner Teenagerzeit war durch die vier Siegermächte in vier Zonen aufgeteilt – die amerikanische, englische, französische und sowjetische. Westberlin bestand aus den drei erstgenannten, und Ostberlin war russisch besetzt. Für einige Menschen war Berlin als Nahtstelle zwischen den verfeindeten Systemen fast so etwas wie der gefährlichste Ort der Welt.

Nun, das war ja auch nicht ganz unbegründet. 1958 kam es zum sehr brisanten »Berlin-Ultimatum«. Dadurch wurde die zweite Berlinkrise markiert. Innerhalb dieses Ultimatums forderte der sowjetische Kremlchef Nikita Chruschtschow den noch ausstehenden Friedensvertrag und den Abzug aller westalliierten Truppen aus Westberlin innerhalb eines halben Jahres. Die Sowjetunion wollte der DDR die Kontrolle über die Verbindungswege zwischen Westdeutschland und Westberlin übertragen, sollte nicht innerhalb dieses Zeitraums eine Übereinkunft zustande kommen und damit Westberlin in eine selbständige politische Einheit – eine sogenannte freie Stadt – überführt werden. Im Vorfeld warf Chruschtschow Westdeutschland Bestrebungen zu Wiederbewaffnung und Militarismus vor. Es blieb nicht bei der politischen Drohgebärde.

Ich glaube mich zu erinnern, dass die Brisanz dieses Ultimatums den meisten Westberlinern gar nicht so klar war. Wir haben einfach darauf vertraut, dass uns die West-Alliierten – insbesondere die Amerikaner – schon nicht im Stich lassen würden. So wie es ja auch in der Zeit der ersten Berlin-Blockade mit der Luftbrücke geschehen war. Daher rührt bestimmt auch die tiefe Dankbarkeit und Verbundenheit gegenüber den USA. Eine Dankbarkeit, die sich meiner Meinung nach in den

Folgejahren an manchen Stellen zu blinder Gefolgschaft und Unterwürfigkeit wandelte.

An der Lösung der Berlin-Problematik war auch Willy Brandt beteiligt. Bei der ersten Berlinkrise noch unter dem damaligen Regierenden Bürgermeister Ernst Reuter (»Schaut auf diese Stadt!«), bei der zweiten dann selbst als Regierender Bürgermeister. Unbeirrt engagierte er sich für die Selbstbestimmungsrechte seiner Berliner und Berlinerinnen und wirkte dabei erfolgreich in die Welt der Westmächte hinein. »Westberlin bleibt frei« – das war sein eindeutiges Credo. Und so war es denn auch. National und international erhielt er dafür verdienterweise große Anerkennung.

Immer wieder wurde im Laufe der Zeit versucht, den vereinbarten Viermächtestatus Berlins zu eliminieren. Wir Berliner gingen damit sehr pragmatisch um. An den Kalten Krieg mit seinen Drohungen, den Muskelspielen und dem Säbelrasseln waren wir gewöhnt, auch durch ganz brenzlige Situationen wie eben den 17. Juni 1953. Oder die Konfrontation amerikanischer und russischer Panzer am Checkpoint Charlie im Oktober 1961 – mit gleichzeitigem Aufmarsch britischer Truppen am Brandenburger Tor. Die Welt stand in diesen Tagen wohl einige Meter und wenige Sekunden vor einem nächsten Weltkrieg. Ich bin bis heute für all die besonnenen Geister dankbar, die dazu beitrugen, dass im Laufe dieser prekären Ereignisse keine folgenschweren kriegerischen Fehlschritte gemacht wurden. Gott sei Dank hat sich die Vernunft und die Diplomatie in dieser spannungsgeladenen Zeit immer durchgesetzt.

Ganz sicher kam uns in dieser Zeit der berühmtberüchtigte Berliner Humor zugute. Ein Beispiel dafür war die von Günter Neumann präsentierte Kabarettsendung »Die Insulaner«. Sie wurde im Berliner Sender RIAS ausgestrahlt und bald zu dessen Markenzeichen. Programmstart war mitten in der Zeit der ersten Berlin-Blockade – an Weihnachten 1948. Die Sendung war eine bunte Mischung aus Satire und Ironie mit einem Schuss Galgenhumor. Bis heute kommt mir die Titelmelodie, das oben schon erwähnte Insulanerlied, »Der Insulaner verliert die Ruhe nicht«, immer wieder in den Sinn. Dieses sehr beliebte, berlintypische Format, das gleichermaßen Fans in Ost und West hatte – schließlich teilten wir alle das gleiche Schicksal –, wurde bis 1961 ausgestrahlt. Direkt nach dem Mauerbau wurde die Sendung eingestellt, weil ihr Erfinder der Meinung war, das aktuelle Geschehen sei zu ernst, um sich darüber lustig zu machen.

Der Tag des Mauerbaues war wohl für Willy Brandt der schwärzeste in seiner Amtszeit in Westberlin. Auch für uns war er fürchterlich, wurden wir doch schlagartig von unseren Familien und Freunden in Ostberlin getrennt. Wir protestierten, waren tagelang auf der Straße, wollten diese plötzliche und brutale Abriegelung nicht einfach so hinnehmen.

Der Bau der Mauer war ganz sicher eine Folge des Ultimatums. Vorrangiges Ziel war die Verhinderung der Flucht von DDR-Bürgern und -Bürgerinnen. Willy Brandt hatte, wie er später sagte, »schon damit gerechnet, dass sie die Grenzen abriegeln würden. Dass das die Form einer so schrecklichen Mauer annehmen würde«, das habe er in keiner Weise geahnt. Damit meinte er insbesondere den grausamen Tod des achtzehnjährigen Peter Fechter am 17. August 1962, der im sogenannten Todesstreifen an der Mauer bei seinem Fluchtversuch von DDR-Grenzsoldaten mit drei Kugeln in Bauch und Lunge niedergeschossen wurde und langsam verblutete. Keiner durfte ihm helfen. Mindestens hundertvierzig weitere Menschen sollten durch gezielte Schüsse an der Berliner Mauer sterben. Brandt vermutete später in Bezug auf den plötzlichen und unerwarteten Mauerbau, dass die Sowjets und die Westalliierten sich einig waren, frei nach dem Motto: »Wir machen etwas, um uns zu sichern, das aber eure Interessen nicht berührt.« Der Mauerbau wurde ja nachweislich von den Alliierten ohne offizielle Protestnoten hingenommen. »Unglückliches, nichts Illegales« und »keine sehr schöne Lösung« waren geschichtsnotierte interne Kommentare führender Staatsmänner Großbritanniens und der USA dazu.

Westberlin war ab sofort eine Insel. Die gebaute Mauer wurde laut offizieller verbindlicher DDR-Sprache »antifaschistischer Schutzwall« und in der bewusst emotionsbefreiten Westsprache »Sektorengrenze« genannt. Dieses Bauwerk sollte Willy Brandt in seinem politischen Handeln dann noch länger beschäftigen. Der

Bau dieser Mauer und die Todesschüsse waren gleichzeitig auch der Grundstein für seine Gedanken zu einer neuen Ostpolitik und für seine Motivation, gegen die unmenschliche Teilung Deutschlands zu kämpfen.

1966 wechselte Willy Brandt in die Bundespolitik. Er ging in die damalige Bundeshauptstadt Bonn, um unter Kurt Georg Kiesinger Vizekanzler und Außenminister zu werden. Aus den Bundestagswahlen 1969 ging die SPD als Gewinnerin hervor, und dann wurde Willy Brandt Bundeskanzler in einer SPD/FDP-Koalition. Das kam einem politischen Dammbruch gleich. Deutschland war aus unserer jungen Sicht eigentlich ein »CDU-Staat«. Seit 1949 waren die »christlichen« Parteien über zwanzig Jahre hinweg dauerhaft an der Macht. Mit dem Sieg der SPD wurde nun eine Zeitenwende eingeläutet. Willy Brandt konnte seine als Regierender Bürgermeister begonnene Ostpolitik im Sinne von »Wandel durch Annäherung« weiter gestalten. Kernpunkt seiner Haltung war: Es muss einen Weg der Versöhnung geben – weil kein anderer nach all den schrecklichen Kriegsdesastern in Frage kommt. Die Hand musste dabei von Deutschland ausgestreckt werden, weil Hitler-Deutschland den Krieg begonnen und verloren hatte.

Ich habe mir mal die traurige Zahl aller Kriegstoten des Zweiten Weltkrieges angeschaut, und mich schaudert angesichts ihres Ausmaßes, und jeder Tote ist ein Toter zu viel, egal welcher Herkunft. Ich bin mir ganz sicher, dass Willy Brandt diese Zahlen im Kopf hatte, als er die Vision seiner Ostverträge in die Tat umsetzte. Im Bewusstsein hatte er die durch den von Deutschland verursachten Krieg rund zwanzig Millionen russischen und sechs Millionen polnischen Verstorbenen, dazu noch die sechs Millionen Juden, die im Holocaust durch Nazi-Deutschland vernichtet wurden. Deutschland selbst verlor 6,3 Millionen Menschen, die USA, Großbritannien, Frankreich und Italien zusammen etwa 1,4 Millionen Menschen. Weltweit ließen auf allen Kriegskontinenten von Europa bis Asien sechzig bis fünfundsechzig Millionen Menschen durch direkte Kriegseinwirkung ihr Leben. Die sogenannten Toten durch Spätfolgen sind hier nicht mitgezählt. Welch ein Irrsinn. Wie viele schmerzvolle Wunden, die den Hinterbliebenen der Toten und auch der Nachfolgegeneration auf den Seelen hinterlassen wurden. All diese Schrecken haben Willy Brandt meinem Gefühl nach dazu bewogen, um Verzeihung und um Versöhnung zu bitten. Für ihn war diese grausame Wirklichkeit Motivation und Leitmotiv. Er konnte die Millionen russischer und polnischer Weltkriegstoten sehen, als er in den Dialog mit dem sogenannten Osten oder wie ihn die Dämonisierer in der damaligen Zeit bezeichneten, dem »Land des Bösen«, trat. Er trauerte um alle Menschen, die in diesem Wahnsinnskrieg ums Leben gekommen waren, und begab sich in seinem Handeln als Politiker mutig auf die Ebene der Menschlichkeit und der Hoffnung. Er traute sich, ungeschützt zu hoffen, dass ehrlich gemeinte Versöhnung gelingen kann. Zudem war er sich sicher: Alle Bürgerinnen und

Bürger – in Ost und West – inklusive ihm selbst hatten Krieg mehr als satt.

Dabei durchbrach er in seinem Denken den Kreislauf von Druck und Gegendruck und verließ dieses ewige uferlose Gezerre. Er erkannte meinem Empfinden nach, dass die Berliner Mauer im Grunde genommen eben auch ein Zeichen von Angst vor den Amerikanern war. Über menschliche, kulturelle, politische und wirtschaftliche Kontakte versuchte er, den Eisernen Vorhang Stück für Stück zu öffnen. Ihm war es wichtig, durch die Ostverträge – sprich den Moskauer und den Warschauer Vertrag – im Jahre 1970 mit der Anerkennung der Nachkriegsgrenzen Vertrauen aufzubauen. Das manifestierte sich durch seinen weltweit beachteten spontanen Kniefall am Mahnmal für den Aufstand im Warschauer Ghetto. Gerade diese stellvertretende und menschlich zutiefst ehrliche, angesichts Millionen Ermordeter sprachlos um Verzeihung bittende, demütige Geste offenbarte die emotionale Haltung Brandts.

Dazu wollte es der Zufall, dass er sich auch sehr gut mit dem russischen Präsidenten Breschnew verstand. Ein Verständlichmachen verschiedener Positionen in Sachen Abrüstung, europäische Sicherheit sowie das Verhältnis BRD und DDR waren Themen bei einem Kurzurlaub von Willy Brandt in Breschnews Ferienhaus auf der Krim. Im Zuge dieser Annäherung mussten sich auch politische Hardliner wie zum Beispiel Erich Honecker, Generalsekretär des Zentralkomitees der Sozialistischen Einheitspartei Deutschlands, zähneknirschend für Brandts Entspannungspolitik öffnen. So kam es denn letztendlich auch zum Transitabkommen mit der DDR und weiteren entscheidenden Schritten. Eine Kette von vertrauensbildenden Maßnahmen, die später politische Wunder bewirken sollte. Bestehenden Hass und Angst durch ehrlich gemeinte, von Vertrauen getragene Verzeihung zu heilen, erschien mir damals das Prinzip von Willy Brandt und war für mich angesichts des sonstigen politischen Handelns eine revolutionäre Idee. Anzuerkennen, was ist, war ein weiterer Grundsatz und zugleich ein letztendlich sehr wirksamer Marsch in die Herzen der Menschen. Bei all seinem Handeln hielt Willy Brandt immer das Recht der Deutschen auf Selbstbestimmung hoch. Im Blick auf die Deutschen – eben aller Deutschen – betonte er dabei deren Verbundenheit in Sprache und Geschichte, sowohl im Glanz als auch im Elend. Er setzte sich dafür ein, dass ein »weiteres Auseinanderleben der deutschen Nation« verhindert werden müsse. Auch angesichts der vielen Menschen, die durch die Teilung getrennt waren.

Willy Brandt kündigte zu Beginn seiner Regierungszeit den noch offenen Versuch an, von einem geregelten Nebeneinander zu einem Miteinander zu kommen. Gedanken, die mich sehr überzeugten und die ich auch heute noch gut nachempfinden kann. Markant und klar positionierte er in seiner Regierungserklärung als Bundeskanzler im Jahre 1969 den Grundsatz: »Auch, wenn zwei Staaten in Deutschland existieren, sind sie doch füreinander nicht Ausland.« Ihre Beziehungen zueinander könnten »nur von besonderer Art« sein.

Willy Brandt suchte das offensive, die Eiszeit beendende Gespräch in diesem geteilten Deutschland und gewann auch in der DDR die Herzen der Menschen. Die jubelnden, berühmten »Willy ans Fenster«-Rufe beim Treffen mit dem DDR-Ministerpräsident Willi Stoph im Jahre 1970 zeugten davon. Im Fernsehen verfolgte ich voller Begeisterung sein Eintreffen am Bahnhof in Erfurt. Es war das erste Mal, dass sich die Regierungschefs beider deutschen Staaten trafen, und ich dachte bei mir: Endlich!

Insgesamt war Willy beseelt von der Idee einer europäischen Friedensordnung. Für seine Versöhnungsarbeit und die daraus resultierende Politik, die auf Entspannung und Ausgleich ausgerichtet war, wurde er 1971 in Oslo mit dem Friedensnobelpreis ausgezeichnet.

Über die Preisverleihung an ihn haben wir uns alle riesig gefreut. Es war einfach gut zu sehen, dass Menschen mit einer Haltung wie der seinen eine derartige Würdigung finden. Belohnt für seine Arbeit wurde er geschichtsträchtig mit dem Sturz kommunistischer Diktaturen, dem Fall der Berliner Mauer am 9. November 1989 und der dann vollzogenen staatlichen Einheit Deutschlands am 3. Oktober 1990. Gott sei Dank hat er das noch erleben dürfen! Mit dieser friedlichen Revolution ging für Willy sein Lebenstraum in Erfüllung. »Jetzt wächst zusammen, was zusammengehört« – auch diese Worte bleiben untrennbar mit ihm und seiner Vision verbunden – die er allerdings in vorsichtiger Achtung vor der Geschichte nicht als Wieder-, sondern als Neuvereinigung bezeichnete.

Willy Brandt war Visionär. Ein Visionär – oder auch gerne eine Visionärin – wie sie mir heute in der nationalen und internationalen Politik fehlt. »Willy formte den Zeitgeist, anstatt diesem einfach nur zu folgen«, schrieb einmal jemand. Einem geist- und seelenlosen Mainstream hinterherzurennen, war tatsächlich nicht sein Ding. Er setzte bewusst Akzente, auch wenn er dafür Prügel bekam und von seinen politischen Gegnern als »Vaterlandsverräter« und »Ausverkäufer deutscher Interessen« beschimpft wurde.

Unser Volk braucht wie jedes andere eine innere Ordnung. In den 70er Jahren werden wir aber in diesem Land nur so viel Ordnung haben, wie wir an Mitverantwortung ermutigen. Eine solche demokratische Ordnung braucht außerordentliche Geduld im Zuhören und außerordentliche Anstrengung, sich gegenseitig zu verstehen. Wir wollen mehr Demokratie wagen.
WILLY BRANDT

Auch sein zweites großes Thema, die Demokratie, dem er sich ebenfalls Ende der sechziger, Anfang der siebziger Jahre widmete, wurde zu einem Markenzeichen der für Deutschland aus meiner Sicht so wichtigen und zentralen »Ära Brandt«. »Wir wollen mehr Demokratie wagen«, so lautete einer der zunächst eher nachrangig beachteten Leitsätze in seiner Regierungserklärung 1969. »Wir werden unsere Arbeitsweise öffnen«, kündigte er darin an und wünschte sich mehr Freiheit, mehr Mitbestimmung gepaart mit der Mitverantwortung aller Bürgerinnen und Bürger und aller gesellschaftlichen Kräfte in der Bundesrepublik Deutschland. Demokratie konnte für ihn nur dann ein erfolgreiches Modell sein, wenn eine »außerordentliche Geduld im Zuhören und eine außerordentliche Anstrengung, sich gegenseitig zu verstehen« herrsche. Nah am Leben und an den wirklichen Bedürfnissen des Lebens zu sein, auf Tuchfühlung in die Gesellschaft hineinzugehen, war Willy Brandt wichtig.

Die meisten seiner Worte trafen auf Resonanz bei mir. Und in der Gesellschaft. Willys Aufforderung, politisch tätig zu werden, ließ die Mitgliederzahlen der SPD in die Höhe schnellen. Das Kuriose: Auch der CDU hat er mehr Mitglieder beschert. Er war wahrhaftig in der Lage, das deutsche Volk politisch zu mobilisieren.

Mit »Wir wollen mehr Demokratie wagen« hat Willy Brandt einen historischen Meilenstein gesetzt, der einen zeitlosen Kern besitzt und der auch heute für mich eine Einladung ist, die jetzige Demokratie und deren Zustand zu reflektieren. Meine erste Reaktion: Unsere Demokratie braucht dringend eine Frischzellenkur. Sie schläft weg – und läuft momentan sogar Gefahr, ins Wanken zu geraten. Viele Kräfte wirken feindlich auf sie ein – vom Turbokapitalismus mit seiner Diktatur des Geldes über einen ausufernden, intransparenten Lobbyismus bis hin zum politischen Extremismus, besonders dem rechten.

»Mehr Demokratie wagen« kann heute auf vielfältige Weise geschehen. Dazu gehören gewaltfreie Demonstrationen ebenso wie Bürgerinitiativen oder diverse freie Aktionsgruppen. Vielleicht sollten wir zumindest auf Länderebene über eine Senkung des aktiven Wahlrechtes auf sechzehn Jahre und die des passiven Wahlrechtes auf achtzehn Jahre nachdenken, um das Interesse Jüngerer an Politik zu fördern. Es braucht auf allen Ebenen Anstöße, vor allem auch was das Engagement von Frauen in der Politik betrifft. Es gibt immer noch zu wenig Frauen in politischen Ämtern. Frauen haben eine andere, bereichernde Weise, die Dinge zu sehen und zu tun – solange wir Frau bleiben und uns in diesen Mühlen nicht vermännlichen. Auch wünsche ich mir wieder Parteien, die erkennbar programmatische Debatten führen und sich weniger um Macht und Machterhaltung kümmern. Macht darf überhaupt nicht das zentrale Antriebsmotiv von Politik sein. Dienst am Leben ist angesagt, nicht Dienst an der Partei. Auch das Denken und Handeln in reinen Zyklen von Wahlperioden sollten die Parteien dringend überprüfen, ebenso die Sprache im Umgang miteinander. Die Verwahrlosung und Vandalisierung der politischen Kultur und der politischen Auseinandersetzung insgesamt macht mir mehr als zu schaffen. Ich wünsche mir wieder Politiker mit unabhängigem Gestaltungswillen – Neu- und Querdenker, Frieden- und Gerechtigkeitsuchende, die ruhig das Gütesiegel »Weltverbesser« tragen dürfen – und das nicht als Schimpf-wort empfinden müssen.

Und es braucht uns als Demokraten, um die Demo-kratie zu schützen, sie weiterzuentwickeln und zu le-ben. Auf- und Einstehen für Demokratie ist unabding-bar durch die vielfältige Teilhabe am politischen Leben und ein klares, gelebtes, offensives Ja zu deren Werten. Die Demokratie ist eindeutig die beste aller Regierungs-formen, wir haben keine bessere – und wir müssen stän-dig an ihr arbeiten.

Der Rückzug ins Private raus aus jeglicher politi-schen Verantwortung ist dabei eine drohende Gefahr für das demokratische Leben. Wer sich demokratischen Strukturen verpflichtet fühlt, verändert die Welt – und sich selbst. Wirklich gelebte Demokratie ist ein großes, menschliches Bildungsprogramm, und insbesondere enttäuschte, entmutigte und unter Druck stehende Menschen müssen integriert werden – besonders in den ostdeutschen Bundesländern.

Noch immer wirken dort die folgenreichen und schmerzlichen Wunden der achtlosen Übernahme der DDR durch die BRD. Ich teile hier die Einschätzung meines leider 2019 verstorbenen Freundes und ehema-ligen brandenburgischen Ministerpräsidenten Manfred Stolpe: »Die Erfahrungen sind oft ein Schock gewesen, vor allem die nicht erwarteten Erfahrungen, zu denen insbesondere die unerwartete Massen- und Langzeit-arbeitslosigkeit gehörte.« Die DDR wurde in vielen Bereichen nach dem Fall der Mauer seelenlos einfach abgewickelt. Das hat in den Menschen dort schlimme Spuren und Unsicherheiten und teilweise auch Wut und Mutlosigkeit hinterlassen.

Sie merken, liebe Leserinnen und Leser, meine Begeisterung für Willy Brandt ist groß. (Ich nenne ihn bei mir immer »Willy«. In dieser Haltung des Vertrautseins sind wir uns begegnet – ohne dass wir je offiziell zum »Du« übergegangen sind). Er hat in Deutschland in sehr kurzer Zeit einen gesellschaftlichen Umbruch eingeleitet, eine Zeit der Liberalisierung, des politisch-kulturellen Wandels und der sozialreformerischen Erneuerung. Als ich von den geplanten Ostverträgen erfuhr, war ich spontan bereit, in der Grass'schen Wählerinitiative für Willy mitzumachen. Für mich waren die Ostverträge etwas Greifbares, statt der ewigen leeren Hoffnungsphrasen und hohlen Parolen so manch anderer Politiker. Günter Grass kannte ich übrigens von den Karikaturisten-Faschingsbällen in der Hochschule für Bildende Künste. Es war eine lustige Tanzerei mit ihm. Durch meine Eurovisionsteilnahme in Amsterdam und Dublin war ich schlagartig bekannt geworden, dadurch wurde ich für die Initiative interessant, um Wählerstimmen zu sammeln.

Gerade im Herbst 1972 aus Russland von einer Tournee mit Paul Kuhn und seiner Bigband, Bruce Low, den Rosy Singers und Eugen Cicero am Klavier heimgekehrt, stieg ich also in den Wahlkampf für Willy Brandt und die SPD ein. Die Russland-Tournee war übrigens die allererste seit Kriegsende, die von einer russischen Agentur, GOS-Konzert, Westberliner Künstlern angeboten wurde – und das auch noch in Verbindung mit dem Sender Freies Berlin.

Es gab warnende Stimmen in unserer Branche bezüglich meines politischen Engagements: »Du musst vorsichtig sein, sonst verkaufst du weniger Platten« und all dieses Gerede war um mich herum zu hören. Lächerlich! Für mich war das gar kein Thema. Außerdem war ich schon politisch unterwegs, bevor ich Karriere gemacht habe. Und so war es für mich klar: Ich unterstütze Willy bei dieser außergewöhnlichen Bundestagswahl. Sie war bekanntlich als erste vorgezogene Wahl in der Geschichte der Bundesrepublik Deutschland innerhalb weniger Monate durch verschiedenste politische Turbulenzen inklusive eines politischen Misstrauensvotums notwendig geworden. Entsprechend dynamisch sollte dann auch der Wahlkampf werden.

Im Team mit dem in Berlin geborenen Klaus von Dohnanyi – dem späteren Bundesminister für Bildung und Wissenschaft und anschließend Ersten Bürgermeister der Hansestadt Hamburg – bin ich dann mit dem Bus von Auftritt zu Auftritt getourt. Ausgerechnet in der Südpfalz – im Wahlkreis von Helmut Kohl. Ich stand auf den Wirtshaustischen und habe in glühenden Worten von unserer Russland-Tour erzählt und wie vielen wunderbaren Menschen ich dort begegnet bin.

»Katja sehen – wählen gehen. Willy, wen den sonst?« war das Motto der Kampagne. Klaus von Dohnanyi hat mich in der Regel reden lassen – am Schluss habe ich das »Kleine Lied vom Frieden« gesungen. Wir waren in diesen Tagen ziemlich erfolgreich, hat mir Klaus von Dohnanyi später erzählt. »Willy wählen« teilten in unterschiedlicher Sprachfärbung auch andere Prominente der damaligen Zeit. Neben Günter Grass und Siegfried Lenz war auch Heinrich Böll Teil der unterstützenden Initiative. Dazu gesellten sich Namen wie Peter Frankenfeld, Peter Härtling, Dieter Hildebrandt, Marie-Luise Kaschnitz, Hans-Joachim Kulenkampff, Golo Mann, Inge Meysel, Johannes Mario Simmel, Volker Schlöndorff, Romy Schneider, Klaus Staeck, Horst Tappert sowie Margarethe von Trotta. Gemeinsam waren wir an unterschiedlichen Orten Deutschlands und auf unterschiedliche Weise in rund siebzig Wahlkreisen lokal und regional für Willy unterwegs. Irgendwie war diese Prominentenliste beeindruckend. Dazu gesellten sich über fünfzigtausend Menschen, die für Willy Brandt und die SPD in Hunderten von lokalen Gruppen dauerhaft während des Wahlkampfes vor Ort unterwegs waren. »Bürger für Brandt« war das Motto. Unser aller Ziel war die Erneuerung der politischen Landschaft. Die wenigsten dieser gesamtgesellschaftlichen Bewegung waren SPD-Mitglieder, ich zum Beispiel bin bis heute in keiner Partei Mitglied. Ich sehe mich einfach als radikale Demokratin. Nur mit Auskünften gebe ich mich nicht zufrieden, ich frage nach, will das Warum und das Wozu des Themas verstehen und die Dinge durchdringen, bis sie mir klar und plausibel erscheinen.

Das ist manchmal anstrengend, Fragesteller sind nun mal anstrengend. Aber für so zukunftsweisende Ziele wie die Ostverträge würde ich mich jederzeit wieder engagieren.

Für die CDU zog im damaligen Wahlkampf der mit mir befreundete Hitparaden-Moderator Dieter Thomas Heck mit – allerdings gemieteten – Popstars durchs Land.

Fast wie eine ausgedachte Anekdote klingt mein Erlebnis kurz vor der Wahl beim Bundespresseball 1972. Ich war dort für einen musikalischen Auftritt gebucht, an dessen Ende ich mit einer besonderen Ansage an Willy Brandt das Kinderlied von der Taube – ein James-Krüss-Text – sang. Mit der Taube war Willy gemeint. Drei Künstler hatten sich zu diesem Anlass etwas ausgedacht: der Komponist Christian Bruhn, der Dichter James Krüss und die Sängerin Ebstein. Man könnte sagen, mehr als naiv, aber voll guter Absicht, haben wir ein Faksimile des Taubentextes herstellen lassen, schön eingerahmt für die Übergabe an Willy Brandt. Vollkommen unbeleckt von politischem Kalkül, dass sich Ort und Anlass des Bundepressballs kurz vor der Wahl befanden. Alle Parteien waren anwesend und hörten ungläubigen Staunens zu, und die CDU/CSU-Politiker verließen daraufhin geschlossen den Saal. Günter Gaus und Wolfgang Leonhard rannten zur Bühne, hielten ihre Whiskeygläser in die Höhe und sagten: »Das hätte man besser nicht erfinden können.« Ein damaliger Produktionsleiter eines großen Senders kam hinter der

Bühne aufgeregt auf uns zu: »Was meinst ihr, was man jetzt mit mir macht?«. Ich fand unser Anliegen ehrenwert, und irgendwie hat sich der Willy auch gefreut.

Die Wahlen 1972 hat er dann mit 45,8 Prozent der Stimmen – dem höchsten Wahlergebnis, das die SPD je erzielt hat – gewonnen. Er konnte wieder eine Regierung – erneut mit der FDP – bilden.

Immer wieder waren wir während seiner Kanzlerzeit eingeladen, uns im Rahmen des Grass'schen Kern-Teams zu treffen. Willy Brandt fühlte sich logischerweise wohl unter Menschen, die seine visionären Ideen unterstützten. Die kritische Loyalität von Denkern und Denkerinnen, von Künstlern und Künstlerinnen mochte er sehr. Heute wäre jede Partei froh, wenn sie ein solches Umfeld zur Begegnung und Auseinandersetzung hätte. Die Treffen des inneren Kreises fanden immer mal auch in Gümse in Niedersachsen im Wochenendhaus des späteren Bundeskanzlers Gerhard Schröder in Form von Sommerfesten statt. Wir sagten »Datscha« zu diesem Haus. Günter Grass, Christa Wolf, Klaus Staeck … – dreißig bis vierzig Leute waren mit dabei. Hier und da gab es auch kleinere Runden unter sechs oder acht Augen – teilweise war der Treffpunkt auch das Kanzleramt.

Willy musste man mögen, weil er war, wie er war: authentisch, scharfsinnig-klug und emphatisch. Bedächtig und klar im Reden, vielgesprächig, wenn es ums Politische ging – im persönlichen Raum dagegen kein großer Erzähler. Wenn er geredet hat, dann hat er eine Rede gehalten. Im privaten Rahmen hörte er eher zu. Ab und zu schien er ein bisschen umflort. Willy war kein sich selbst in Szene setzender Mann, kein Kalkulator. Er war, denke ich, Instinktpolitiker, weltgewandt und weltoffen – mit Charisma und Charme. Und er hatte keine Elefantenhaut. Er scheute sich nicht, Unsicherheit zu zeigen, und nutzte die Kraft des Zweifels.

Bekanntermaßen war Willy Brandt jedoch nicht lange Kanzler. Im Mai 1974 erklärte er seinen Rücktritt. Als Erstes sprach ich mit Klaus Staeck darüber – wir waren beide todtraurig. Es war irgendwie schrecklich für uns. Ursache seines Rücktrittes war letztendlich, dass einer seiner engsten Mitarbeiter als DDR-Spion enttarnt wurde. Willy selbst war zum Opfer des DDR-Regimes geworden, das ihn seit seinem Besuch in Erfurt aufgrund der Begeisterung der DDR-Bürger und seiner außergewöhnlichen Wirkung als gefährlich ansah. Willy Brandt übernahm für die Fahrlässigkeit in diesem Fall die volle Verantwortung. Das Ereignis ging gepaart mit dem Namen Günter Guillaume als Spionage-Affäre in die bundesdeutsche Geschichte ein.

Allerdings hatte vorher auch schon eine offene Demontage innerhalb der SPD durch Herbert Wehner begonnen, der an Brandt kritisierte, dass dieser sich innenpolitisch zu wenig engagiere. Willy Brandts zentrale Ausrichtung war bevorzugt die Außenpolitik. Dazu kam die durch ein Öl-Embargo ausgelöste Wirtschaftskrise.

Letztendlich glaube ich, dass er dann selbst auch froh

war, dieses Amt los zu sein, weil er mit seinem eigenen Idealismus in diesem besonderen Geschäft nicht weiterkam. Zuletzt wirkte er auf mich müde, erschöpft und enttäuscht und frustriert durch das innenpolitische Zerreiben unter den Genossen.

Helmut Schmidt – damaliger Finanzminister im Kabinett Brandt – folgte ihm als Bundeskanzler. Willy Brandt selbst blieb noch bis 1987 SPD-Vorsitzender. Bis 1992 war er darüber hinaus Präsident der Sozialistischen Internationale. Mit seinem Engagement verschaffte er der zuvor nahezu bedeutungslosen Organisation – einer lockeren Vereinigung sozialistischer und sozialdemokratischer Parteien – wieder Gehör in der Weltpolitik. Dieser Teil seines langen, auf dieser Ebene internationalen Wirkens wird bei Betrachtungen seines Lebens oft vernachlässigt. Im Rahmen dieser Arbeit machte er sich in den achtziger Jahren auch für die Freilassung des ANC-Führers Nelson Mandela stark. Was mir später dann auch eine persönliche Begegnung mit Nelson Mandela ermöglichte, doch dazu später noch mehr.

Mich selbst brachte Willy nach seiner Kanzlerzeit 1974 auf den Weg zu Konzerten in der DDR. Sein klarer Wunsch an uns Künstler war: »Geht durch die Mauer. Geht durch die Grenze. Nehmt den Menschen auf der Ostseite das Gefühl des Isoliertseins.« Ich war bereits vorher im Ostteil von Berlin gewesen, verpflichtet durch die staatliche DDR-Künstleragentur. Das war mir als Berlinerin mein eigener Parteitag.

Bevor ich »rüberging«, war die Schlagergarde der

sechziger Jahre schon lange dort. Udo Jürgens, Roy Black, Rex Gildo, Caterina Valente, Nana Mouskouri, Costa Cordalis – sie alle hatten ihre Fans im Osten. Auch Jazzgrößen wie Klaus Doldinger oder Emil Mangelsdorff durften lange schon im Osten spielen. Die DDR-Regierung wollte zeigen, dass sie sich kulturell liberal benimmt. 1972 hatte ich einen ersten Auftritt in der großen DDR-Fernsehsendung »Ein Kessel Buntes«, eine der wenigen Ost-Sendungen, die den Mauerfall überlebte und bis 1992 im gesamtdeutschen Fernsehen ausgestrahlt wurde.

Mein erstes Live-Konzert »drüben« fand im alten Friedrichstadt-Palast statt. Alle Versuche der DDR-Agentur, bestimmte Stücke aus meinem Konzert herauszunehmen, habe ich strikt abgelehnt. Auch die Bitte, auf meinen Song »Inschallah« wegen angeblich im Konzert zu erwartender ägyptischer Studentenproteste zu verzichten, kam bei mir nicht durch. Meine klare Ansage war, dass jegliches Streichen von Programminhalten meine sofortige Abreise zur Folge hätte. Alles, was ich im Westen gesagt habe, habe ich auch im Osten gesagt. Ich habe auf der Bühne immer politische Haltung gezeigt, egal wo. So war ich fast jedes Jahr immer mal wieder auf DDR-Tournee. »Katja Ebstein in Concert« – die Menschen wollten mich hören und sehen. Sogar Honecker hatte Platten von mir, wie ich später erfuhr, und immer mal wieder wurden meine Auftritte im DDR-Fernsehen übertragen.

Im Gepäck hatte ich Gospel und Musical – auch Literarisches von Heine und natürlich alle Hits, die die Menschen kannten. Das Publikum im Osten war sehr feinhörig und las zwischen den Zeilen, besonders bei politisch-angelehnten Texten. Die Gedanken bleiben eben doch frei. Auf diese Weise kam ich auch mit früheren Künstlerkollegen zusammen, die man nach dem Mauerbau aus den Augen verloren hatte. Für mich war es oft wie eine Fortsetzung unserer westlichen Studentendebatten, man saß abends zusammen und nahm in der Kantine die Welt auseinander und setzte sie dann wieder zusammen.

Anlässlich der 750-Jahr-Feier von Berlin kam es 1987 zu einer Reihe von Konzerten mit Nana Mouskouri und Udo Jürgens und mir im neuen Friedrichstadt-Palast. Eine vierzigteilige Fernsehreihe Mitte der achtziger Jahre, die mein Mann Klaus mit mir und der Crème de la Crème der Theater- und Fernsehschauspieler aus dem Ostteil des Landes produzierte, war die erste gesamtdeutsche Produktion und setzte sich aus fünfundzwanzig West- und fünfzehn Ost-Kollegen zusammen. Ich fuhr mit dem Fahrrad durchs Land, und regional angesiedelte deutsche Geschichte und Geschichten wurden in kabarettistisch aufgemachten Szenen dargestellt. Daneben gab es noch Kulinarisches aus der jeweiligen Landschaft und andere interessante Dinge zu bestaunen.

»Katja. Unterwegs in der DDR« wurde dann im West- und Ostfernsehen ausgestrahlt. Vom Sender Freies Berlin wurde ich angegangen, ob ich es nötig hätte, für das DDR-Fernsehen zu arbeiten. Verständnislos wollte ich der Sache auf den Grund gehen und konnte diesen Vorwurf dann nachvollziehen, weil die DDR-Fernseh-verantwortlichen den Abspann mit dem Hinweis auf den Auftraggeber in Gestalt des Hessischen Fernsehens herausgeschnitten hatten. Dadurch war der Eindruck entstanden, wir würden für die DDR produzieren. Nach Androhung juristischer Mittel durch den Intendanten des Hessischen Rundfunks wurde diese Eigenmächtig-keit korrigiert. Und damit waren die Vorwürfe obsolet. Bei uns lief diese Produktion im Vorabendprogramm, und ein Jahr später bekam die DDR die Erlaubnis, die Serie auszustrahlen. Dort lief sie zur Hauptsendezeit.

Willy Brandt starb 1992. Auf der Abschiedsfeier sang ich noch mal das James-Krüss-Lied »Die Taube«. Ich sehe ihn noch heute vor mir an dem Tag seines wohl größten Triumphes zur Feier der deutschen Einheit am 3. Oktober 1990 neben all den anderen Politikgrößen mit beseeltem Gesichtsausdruck und diesen besonderen Moment sichtlich genießend. Für mich ist Willy Brandt mit seiner Arbeit zusammen mit seinem engsten Ver-trauten Egon Bahr ganz eindeutig der Architekt der Wiedervereinigung Deutschlands. Der damalige Bun-deskanzler Helmut Kohl und sein Außenminister Hans-Dietrich Genscher durften ernten, was Willy Brandt in mühevoller Schwerstarbeit erreicht hatte. Und das, ob-wohl er gerade in den ersten Jahren seines Wirkens in Sachen Ostpolitik unglaublich großen Widerstand, persönliche Diffamierungen und Häme von großen Teilen der CDU/CSU einstecken musste. Schließen möchte ich dieses Kapitel mit einer berührenden, fast demütigen Aussage von Willy aus dem Jahre 1988: »Mein eigentlicher Erfolg war, mit dazu beigetragen zu haben, dass in der Welt, in der wir leben, der Name unseres Landes und der Begriff des Friedens wieder in einem Atemzug genannt werden können.«

5

Wir schaffen das!

Ich war spät dran an diesem Samstag im Herbst letzten Jahres. Der Himmel war blau, und ein kühler Wind wirbelte die gelben Blätter auf dem breiten Ku'damm durch die Luft.

Als ich den lichtdurchfluteten Salon betrat, schlug mir wohlige Wärme entgegen. Udo Walz ist schon seit langen Jahren mein Friseur. Wenn ich in Berlin bin und Zeit habe, mache ich einen Termin bei ihm. Doch an diesem Tag fehlte von Udo jede Spur. Eine Mitarbeiterin kam auf mich zu und half mir freundlich aus meinem Parka. Ich musste noch ein bisschen am Empfang auf meinen Haarschneider warten, da sah ich plötzlich eine kleinere Frau mit bekanntem Pagenschnitt, flankiert von zwei stattlichen jungen Männern auf die Eingangstür zusteuern. Schon war sie drin – und ich schaute direkt in das Gesicht von Angela Merkel, unserer Bundeskanzlerin.

Nun muss ich zugeben, und das wird Sie, liebe Leserin und lieber Leser, jetzt nicht weiter verwundern, dass ich kein großer Fan von den Parteien mit dem großen »C« bin. Doch unabhängig vom Parteipolitischen hat Angela Merkel sehr wohl etwas mit diesem »C« zu tun. Sie stammt aus einem evangelischen Pfarrershaus, und so war für mich ihr Verhalten während der sogenannten Flüchtlingskrise absolut konsequent und nachvollziehbar – und trotzdem hat es mich beeindruckt.

»Entschuldigen Sie, Frau Merkel«, sprudelte es da aus mir heraus. »Ich muss Ihnen einfach etwas sagen«. Obwohl ich sie in diesem Moment ziemlich überraschte, konnte ich keine Spur der Ablehnung von ihrer Seite aus erkennen. Sie lächelte mich fast schon schüchtern freundlich an, und ich sagte ihr, wie richtig und zutiefst menschlich ich ihre Entscheidung 2015 gefunden hatte, Vertriebene aus dem Nahen Osten in unser Land zu lassen. Die Reaktion war ein freundliches Aufleuchten in ihren Augen, es entspann sich eine kurze Plauderei, und dann war das Ganze auch schon wieder vorbei. Doch diese kurze Begegnung löste in mir im Nachhinein einiges an Gedanken und Emotionen aus.

Mir wurde nochmals klar, wie sehr mich der Mensch Angela Merkel mit ihren Worten anlässlich der sogenannten Flüchtlingskrise berührt hat. Zum damaligen Zeitpunkt waren ja einige Hunderttausend Menschen auf der Balkanroute auf der Flucht vor Krieg, Hunger und sozialem Elend. Allein im August 2015 waren über hunderttausend flüchtende Menschen in Deutschland eingetroffen – durchschnittlich dreieinhalbtausend am Tag. Die Bilder von erschöpften Menschen, die sich bepackt mit wenigen Habseligkeiten zu Fuß in endlosen Schlangen mit kleinen Kindern auf dem Arm auf den Weg gemacht hatten, nur um ihr nacktes Leben zu retten, haben sich mir ins Gedächtnis eingebrannt.

Deutschland ist ein starkes Land. Das Motiv, mit dem wir an diese Dinge herangehen, muss sein: Wir haben so vieles geschafft – wir schaffen das. Wir schaffen das, und dort, wo etwas im Wege steht, muss es überwunden werden.

ANGELA MERKEL

Ihr »Wir haben so vieles geschafft – wir schaffen das« hatte für mich seine erkennbaren Verbindungen zur Wiedervereinigung, zum Atomausstieg oder auch zur sogenannten Bankenrettung. Angela Merkel hatte damit nach meinem Denken die anstehende Herausforderung nicht kleingeredet, sondern in diese Ereignislinie eingereiht und versucht, damit den Menschen mehr Mut zu machen. Diese Krise war auch für sie offensichtlich zum damaligen Zeitpunkt eine der größten Herausforderungen seit Jahrzehnten. Die gesamte Serie wurde in aktueller Zeit wohl nur noch von der Corona-Pandemie getoppt. Gleichzeitig bemühte Angela Merkel sich, trotz einer nicht ganz einfachen Situation, so viel Optimismus wie möglich zu verbreiten und eindringlich an unsere Menschenpflicht zu appellieren. Insbesondere setzte sie in diesem »Wir« auf die Europäische Union – und auf die solidarische Kraft eines »Wir« in Deutschland. Diese nationale und europäische Solidarität sind auch mir wichtige Anliegen. Auf europäischer Ebene kennen wir im Blick auf die Vertriebenenthematik im Jahr 2015 das beschämende Ergebnis. Es wurde europäisch zu einer großen Enttäuschung. Von wegen Solidarität!

Immer wieder beschwor Angela Merkel in der Folge

dieses Ereignisses ihren Standpunkt: »Ich sage wieder und wieder: Wir können das schaffen, und wir schaffen das.« Ihr Appell bekam für mich angesichts der anstehenden Herausforderungen fast schon einen »Yes, we can!«-Charakter – und damit unbedingte Nähe zu dem berühmt gewordenen Satz des ehemaligen amerikanischen Präsidenten Barack Obama. Leider wurden die kompletten, situationsbezogenen Merkel'schen Äußerungen in der Folge auf den Satz »Wir schaffen das« verkürzt, gedreht, gewendet, medial und im Volke zusammenhanglos kommentiert und damit Missbrauch getrieben. Aus dem ursprünglichen Satz »Wir schaffen das« wurden je nach Sicht neue Wortbilder – teilweise verstärkt durch Satzzeichen – geschaffen und in Umlauf gebracht:

Wir schaffen das!
Wir schaffen das (nicht)!
Wir schaffen das nicht!
Schaffen wir das?
Wir müssen das schaffen!
Müssen wir das schaffen?
Wir schaffen das – aber nicht so!
Wir schaffen das so nicht mehr!
Wir schaffen das nicht ohne weiteres!
Wir schaffen das, aber wie?

Wie sollen wir das schaffen?

Letztendlich legte die AfD noch ihr »Wir wollen das gar nicht schaffen« dazu und eröffnete Brandfelder für einen neuen Rassismus im Land – mit dem Ziel, weitere Spaltung zu betreiben. Im Sog dieser Kommentierungswelle mit integrierten Medienumfragen wurde Merkel gar als »Sprücheklopferin« oder »Heimatverräterin« bezeichnet. »Wir schaffen das« – diese drei aus einem Redekontext herausgezerrten Worte haben Deutschland in der Folge gespalten – trotz der anfänglichen Willkommenskultur für die Flüchtlinge in Deutschland.

Für mich steckte in Angela Merkels Sätzen ein klarer, mutiger Wille, angesichts einer aktuellen Notlage zu handeln und sofortige überlebensnotwendige Hilfe zu leisten. Einer Notlage, zu der ja auch der Westen und hier insbesondere unsere »amerikanischen Freunde« wesentlich durch ihre Politik beigetragen hatten.

Angela Merkels Worte waren genau die richtigen Worte zur richtigen Zeit. Sie zeugen für mich von einer klaren christlichen Grundhaltung. Es gibt keine Alternative für menschlich-helfendes Handeln. Und sie hat ihren Worten die dann noch wichtigeren Taten folgen lassen. Unbeeindruckt von zum Teil heftigsten Anfeindungen machte sie ihren Standpunkt deutlich: »Ich muss ganz ehrlich sagen, wenn wir jetzt anfangen, uns noch entschuldigen zu müssen dafür, dass wir in Notsituationen ein freundliches Gesicht zeigen, dann ist das nicht mein Land.«

Dieses »... dann ist das nicht mein Land« werde ich

ebenso weiterhin mit Angela Merkel und jedem anderen Menschen, der diese Haltung hat, teilen. Für mich ist Angela Merkel ein im herausfordernden Politikbetrieb absolut integrer Mensch geblieben, fern jeder Bestechlichkeit und Machtverliebtheit. »Nicht abgehoben«, wie es ihr damaliger Mitbewerber um das Kanzleramt, Martin Schulz, sagte. Sie verstellt sich nicht, hat nichts Aufgesetztes und füllt glaubwürdig und pflichtbewusst mit Alpha-Potenz ihren Beruf aus.

Ich stelle es mir als große Last vor und finde es fast übermenschlich, zwischen Lobbyisten und Bedenkenträgern, zwischen Pro, Contra und Anti, zwischen Rot, Grün, Gelb, Schwarz und Braun, zwischen Turbo-Kapitalismus und freier Marktwirtschaft, zwischen Visionären und Realisten, Gegenwind und Applaus, zwischen Ewiggestrigen und Zukunftsbeschwörern, zwischen Nationalität und Globalität, zwischen Kriegs- und Friedensliebenden, zwischen all den Trumps und Erdogans dieser Welt noch vernünftig zum Wohle der Menschen agieren zu können.

Manches Mal habe ich darüber nachgedacht, wie es wohl wäre, wenn ich in Angela Merkels Schuhen laufen müsste. Mich würde das alles förmlich erdrücken, denke ich. Bei all dem Gezerre würden all meine Ideale nach und nach zerbröseln, und ich würde wahrscheinlich andauernd mit dem Kopf gegen irgendeine Wand rennen. Besonders für die Parteipolitik braucht man offensichtlich ein dickes Fell, um sich nicht ständig zerreiben zu lassen. Und noch etwas kommt dazu: Nur eine Partei kann ich nicht, das wäre mir zu eng. Ich bin bis heute ganz klar interessiert an der Urform der Sozialdemokratie – weniger am Parteibuch. In der Parteipolitik mit ihren Dogmen würde ich Freiheit verlieren, auch die Freiheit, Dinge offen und ehrlich auszusprechen, die nicht parteikonform sind.

»Gesetzt der Fall, du wärst als Bundeskanzlerin Nachfolgerin von Angela Merkel: Was würde in deinem Regierungsprogramm stehen?« Mein Schreibkomplize Uwe Baumann hat mir spaßeshalber ebendiese Frage gestellt. Nach kurzem Nachdenken gebe ich folgende Antwort:

Als aller erstes: Die Klimakrise muss zur Klimachance werden. Sofort!

»Bildung für alle« wäre auch ein wichtiges Thema. Das Recht auf Bildung muss für alle gewährleistet und Bildung muss auch über den schulischen Bereich hinaus kostenfrei sein. Mit Bildung meine ich eine ganzheitlich angelegte, humanistische Erziehung.

In der Bildung tätige Erzieher und Erzieherinnen müssen respektvoll entlohnt werden.

Vorrangig würde ich die Kinder- und Altersarmut in unserem Land bekämpfen. Den jetzigen Zustand in einem der reichsten Länder dieser Erde empfinde ich als Schande für unser Land.

Ich würde eine Fülle an demokratischen Beteiligungsformen außerhalb der repräsentativen Demokratie einführen. Bürgerinnen und Bürger brauchen mehr Mit-

spracherecht zwischen den Wahlen – und sollen auch mehr Verantwortung übernehmen.

Das Ehrenamt in unserer Gesellschaft würde ich deutlich stärker unterstützen. Es ist der Kitt im Zusammenleben.

Kranken- und Pflegepersonal müssen für ihren elementaren Dienst am Leben besser bezahlt und wertgeschätzt werden. Pflegende Menschen müssten gemäß ihrer Verantwortung entlohnt und unterstützt werden.

Waffenexporte würde ich verbieten. Alle.

Ich würde einen Toleranzbegriff betonen, der Toleranz bis zur Selbstaufgabe ausschließt.

Jeglichen Extremismus und Fanatismus würde ich nach allen Regeln bekämpfen.

Und ich würde, ganz nach Angela Merkel, zu »Mut und Zuversicht und zu neuem Denken« auch in den laufenden zwanziger Jahren aufrufen – »damit es der Generation der heute jungen Menschen und ihren Nachkommen möglich sein kann, auf dieser Erde gut zu leben«. Obwohl diese Sätze Angela Merkels aus der letzten Neujahrsrede vor der Corona-Pandemie stammen, behalten sie ihre Gültigkeit und sind eine Einladung, die Dinge vor allem neu zu denken. Unser Jahrhundert hat so viele Herausforderungen, die dieses neue Denken brauchen! Auch das, was kommt, wird zu schaffen sein.

Genauso, wie es zu schaffen war, dass trotz aller Widrigkeiten seit 2015 ein großer Teil der geflüchteten Menschen – von einigen als »Parasiten« verunglimpft –

einen sozialversicherungspflichtigen Arbeitsplatz bekommen haben. Viele von ihnen sind in Lohn und Brot
und bezahlen Steuern. Sie leisten ihren Dienst in für unsere Gesellschaft wichtigen Bereichen wie zum Beispiel
der Alten- und Krankenpflege. Viele junge Menschen
aus diesem Fluchtszenario gehen aktuell in die Schule,
lernen Deutsch und unsere Kultur kennen und werden
später ihre Ausbildungen absolvieren und den Fach-
kräftemarkt bereichern – ohne dass sie irgendjemandem
einen Arbeitsplatz wegnehmen.

Aber ich möchte mir an dieser Stelle nichts anmaßen,
ich bin nicht Bundeskanzlerin, sondern nur Künstlerin,
die sich aber schon immer gesellschaftspolitisch einmischen musste. Und ich bin auch Frau, und als Frau
mit modischem Bewusstsein muss ich Frau Merkel
noch ein Kompliment machen: Mit ihren Hosenanzü-
gen samt wechselnden Jacketts hat sie die von manchen
Herrschaften in den Medien und anderswo oft über-
strapazierte Kleiderfragen-Problematik unanfechtbar
genial gelöst.

6

Mach dein Ding

Es ist etwas geschehen: Eine Welle der Begeisterung für keckes Singen hat die jungen Leute in der Bundesrepublik erfasst.« Was die Frankfurter Allgemeine Zeitung 1966 etwas spießig als neues Phänomen entdeckte, hatte schon zwei Jahre zuvor Premiere. Rund vierhundert junge Leute waren zur romantischen Burgruine Waldeck oberhalb des Baybachtals in den abgelegenen Hunsrück gepilgert. Inspiriert von amerikanischen Festival-Vorbildern versammelten sich dort einmal im Jahr deutsche Liedermacher, Folk- und Protestsänger und viele Politikverdrossene.

»Wir fanden, dass eine bestimmte Art von Musik, für die wir eine ganz besondere Vorliebe haben, in Deutschland längst noch nicht genug beachtet und gepflegt wird. Wir meinen das Chanson, das Lied, den Bänkel-Song, die unverkitschte Volksmusik. Wir haben uns gefragt, warum wir in unseren Breiten keinen Georges Brassens oder Yves Montand, keinen Pete Seeger und keine Joan Baez haben. Wir möchten gerne herausfinden, welche Möglichkeiten das Chanson bei uns hat oder haben könnte«, heißt es in der Eröffnungsrede des ersten Festivals.

Viele von uns hatten damals Schwierigkeiten, deutsch

zu singen. Ich eigentlich nie, weil ich unsere vielfältige Sprache liebe und auch sehr gut mit ihr umgehen kann. Anders als andere Völker hatten viele Deutsche aber ein gebrochenes Verhältnis zu ihrem Liedgut. Die Nazis hatten es für ihre Propaganda missbraucht, wie es Franz Josef Degenhardt so treffend beschreibt:

Tot sind unsere Lieder unsre alten Lieder.
Lehrer haben sie zerbissen,
Kurzbehoste sie zerklampft,
braune Horden totgeschrien,
Stiefel in den Dreck gestampft.

Mit der Waldeck, wie man das Festival kurz nannte, war das erste deutsche Open-Air-Festival ins Leben gerufen, sozusagen ein *Little Woodstock of Germany.* Es war eine Art Jugendtreffen, viele Unzufriedene mit unserem politischen System der damaligen Zeit hatten sich dort versammelt. Zwanzig Mark kostete der Eintritt, und die jungen Leute zwischen achtzehn und Ende zwanzig waren von überall her aus dem Bundesgebiet und den angrenzenden Nachbarländern angereist. Von den Bewohnern der umliegenden Dörfer kritisch beäugt und als »Gammler, Hippies und Revoluzzer« bezeichnet, stieß das Treiben auf der Waldeck bei den Medien auf offenes Interesse. Rundfunkanstalten schickten Ü-Wagen, Zeitungen Reporter und Fotografen, und Talent-Scouts waren auch dabei, wie einige von uns später am eigenen Leib erfuhren.

Dicht an dicht gedrängt saßen wir auf der Wiese vor der Ruine, die bald einem matschigen Acker glich, und lauschten den Musikern auf einer kleinen Holzbühne. Die Nächte verbrachte man in Zelten und Jurten bei Kerzenschein oder unter freiem Himmel am Lagerfeuer. Überall wurde Musik gemacht, geredet, geraucht und getrunken. Das Rote Kreuz hatte Gulaschkanonen aufgebaut und versorgte die Festivalteilnehmer mit Erbsensuppe in Plastikschalen.

In Deutschland gab es vorher keinen Ort wie diesen: Die Waldeck war sozusagen die Ursuppe der deutschen Liedermacher. Damals galt es, unsere wunderschöne, reiche und vielfältige Sprache wieder zum Ausdruck von Poesie und Protest zu nutzen und einen Neuanfang in Sachen »deutsche Lieder« zu machen. Auf dem Festival wurde auch die miefige, politisch-gesellschaftliche Dunstglocke der Adenauer-Zeit massiv gelüftet. Dem entsprang der Wunsch nach Erneuerung und Selbstbestimmung, der wenige Jahre später auch Ausdruck in der Studentenbewegung fand.

Dieses Festival war für einige der Auftretenden gleichzeitig der Anfang ihrer künstlerischen Karriere. Zum Beispiel für Hanns Dieter Hüsch, Franz Josef Degenhardt, Hannes Wader und Reinhard Mey, die schon 1964 beim ersten Festival dabei waren. Mit von der Partie auf der Waldeck waren unter anderem auch Schobert & Black, Walter Mossmann, Peter Ronland und viele mehr.

Bereits im Vorfeld bin ich durch Hanns Dieter Hüsch,

den ich vom Berliner »Reichskabarett« kannte, auf das Festival aufmerksam geworden, durch meine Teilnahme am Chanson- und Folklore-Jamboree des Sender Freies Berlin, das bei vollem Haus im großen Sendesaal in Berlin stattfand. Nach der Veranstaltung habe ich alle Mitwirkenden, wie etwa Wader, Mey und Degenhardt zum Schmalzstullen-Essen in unseren Berliner Schrebergarten eingeladen. Da ging musikalisch noch mal die Post ab.

Die damals begonnenen Freundschaften zu meinen Liedermacherkollegen halten zum großen Teil bis heute. Sie waren und sind jahrzehntelange Künstler-Freunde im Bemühen um ein besseres Leben auf unserem Planeten; als da wären: Hannes Wader, Udo Lindenberg, Konstantin Wecker und Reinhard Mey. Ich denke, wir hängen nach meinem Gefühl immer noch irgendwie geistig zusammen. Wir sind nach wie vor auf der gleichen Welle – in der Vergangenheit immer auch in Verbindung mit politischen Kabarettisten, wie Dieter Hildebrandt und Hanns Dieter Hüsch. Ab und zu hat man sich im Laufe der Jahre auf gemeinsamen Bühnen getroffen – im Fernsehen, im Radio oder bei kollektiven Projekten wie »Künstler für den Frieden« oder »Künstler in Aktion« und immer wieder auf Demonstrationen, wie etwa auf der Bonner Friedensdemo in den achtziger Jahren vor dreihunderttausend Menschen. Unter Künstlern und Kulturschaffenden gibt es sowieso eine nicht stillschweigende weltweite Friedensbewegung. Damals trat man im Kollektiv auf, heute macht das jeder für sich auf seiner Konzertbühne, aber das Engagiertsein ist ungebrochen.

Hannes Wader habe ich in den Sechzigern in Berlin kennengelernt. Der gebürtige Ostwestfale studierte Graphik an der Hochschule für Bildende Kunst und machte parallel Musik. Wie Reinhard Mey war er mit seinen Liedern in den Clubs der Stadt unterwegs. Beide waren sie zunächst eher der unpolitischere Teil der Berliner Folk- und Liedermacherszene.

Hannes Wader – heute auch scherzhaft von der Presse »Alterspräsident der deutschen Liedermacher« genannt – und ich waren uns innerhalb kürzester Zeit nach der Festival-Begegnung auf der Waldeck sympathisch, genauso ging es mir mit Reinhard Mey. Wenn wir uns immer mal wieder trafen, haben wir gerne zusammengehockt und gequatscht. An Hannes mag ich seine wunderschöne, romantisch-sonore Stimme. Sie hat fast schon etwas Rattenfängerhaftes. Sein Repertoire reicht neben den eigenen Songs vom Volkslied aus dem fünfzehnten Jahrhundert bis zu Folkklassikern. Nach eigenen Worten entstammte er dem Landproletariat, ist hochmusikalisch und von rebellischem Geist getragen. Ich meine, die letzten zwei Attribute verbinden uns besonders. Ansonsten ist er mir als großer Schweiger von spröder Mitmenschlichkeit und Selbstironie begegnet. Nicht zu vergessen sein exzellentes Gitarrenspiel. Der politische Biss in seinen Liedern und die Verteidigung des kleinen Mannes sind in jeder Hinsicht authentisch. Menschen seiner Art fühle ich mich einfach nahe. Die eigene Haltung ist immer in seine Songs eingeflossen und hat meist sein Handeln bestimmt. So hat er auch vor den Werkstoren gesungen – zum Beispiel anlässlich der geplanten Schließung der Krupp-Stahlwerke in Rheinhausen 1987.

Anfang der siebziger Jahre ist ihm ein Malheur passiert, aus dem ihn solidarisch Reinhard Mey, Insterburg & Co und ich aus einem drohenden Auftrittsverbot bei einer Live-Sendung des Berliner Rundfunks herausboxten. Seine Hamburger Wohnung war als das damalige Hauptquartier der sogenannten Baader-Meinhof-Gruppe aufgeflogen. Eine gewisse Hella Utesch, ausgewiesen als freie Mitarbeiterin des NDR, hatte die Wohnung während einer Europatour von Hannes angemietet. Wie sich später herausstellte, war das der Tarnname von Gudrun Ensslin. Danach wurde ein Ermittlungsverfahren wegen Unterstützung einer kriminellen Vereinigung gegen Hannes eingeleitet. Der wusste gar nicht, wie ihm geschah, Fernsehen und Funk wollten ihn daraufhin boykottieren, was wir gerade noch verhindern konnten.

Immer mal wieder beschäftigte sich Hannes intensiv mit dem Kommunistischen Manifest und stand offen zu seiner DKP-Mitgliedschaft. Das erfordert schon Rückgrat – und Rückgrat hat Hannes über all die Jahre seines künstlerischen Schaffens hinweg bewahrt. Dies gilt ebenso für die mit mir geteilte offene Kritik an der »Bild«-Zeitung und deren unglaublicher Hetze und Schmierereien – vor allen Dingen während der Zeit der Studenten- und der anschließenden Achtundsechziger-

Bewegung. Hannes geriet öfter mal bei politischen Demos in die Zange der Polizei. Mir ist das auch einmal passiert. Die Teilnahme an einer Sitzblockade gegen die Aufstellung der Pershings hat mir eine Vorstrafe eingebracht. Aber ich befand mich in guter Gesellschaft mit Dorothee Sölle, Walter Jens, Heinrich Böll, Oskar Lafontaine, Petra Kelly und Günter Grass. Unsere begangene »Gewalttat gegen die Staatsmacht« war dabei, dass wir uns weigerten aufzustehen und uns die Polizei wegtragen musste.

Ich denke, wir alle haben unsere Blauäugigkeit hinsichtlich Weltveränderung verloren, hängen aber diesem Ideal trotz alledem weiter an.

Private Wege kreuzten sich immer wieder, auch manchmal im Garten von Hannes' nordfriesischer Struckumer Windmühle, deren Architekt dann auch der Architekt für mein Reetdachhaus auf Amrum wurde. Reinhard Mey hat sich auch öfter mal nach Struckum verlaufen. Er steht Hannes Wader als Freund sehr nahe. Beide verbindet auch ein gemeinsames Vorbild – der französische Chansonnier Georges Brassens.

Mit seinem »Ich wollt wie Orpheus singen« war Reinhard einer der Ersten, der in der deutschen Liedermacherszene einen Plattenvertrag bekam – und er ist sicherlich bis heute der in Sachen Schallplatten- und CD-Verkauf der Erfolgreichste unter allen. Seine warme, leichte Art zu singen muss man einfach lieben und dazu seine manchmal auch witzigen poetischen Texte. Außerdem hatte er einige wirkliche Hits, die zu Evergreens wurden, wie zum Beispiel »Über den Wolken«. Später dann mischte er sich auch immer mehr politisch ein. Gewaltlosigkeit, Freiheit und Frieden werden konkret in seinen Liedern benannt. Seine Haltung vertrat er offensiv und ließ sich auch nicht durch Veranstaltervorgaben beeindrucken, wie etwa beim Liedermacherfestival auf dem Kloster Banz in Bayern, das er mehrere Jahre auch moderierte. In diesem Rahmen sang er das Lied »Seid wachsam«, trotz der Vorgabe des Bayerischen Rundfunks, darauf zu verzichten. Anstoß war wohl insbesondere die Textzeile: »Der Minister nimmt flüsternd den Bischof beim Arm: Halt du sie dumm, – ich halt' sie arm!« Reinhard sang das Lied trotzdem und beendete anschließend für einige Zeit sein Engagement auf diesem Festival. Kurz: Er wurde rausgeschmissen.

Reinhard Mey fühle ich mich seitdem noch mehr verbunden, auch wenn wir uns in den vergangenen Jahren fast ganz aus den Augen verloren haben. Allerdings nicht aus dem Sinn, weil ich einige seiner Lieder auf der Bühne weiter singen werde. Reinhard Mey war kein Demonstrierer an der Front, ihm reichte es, seine Haltung in seinen Texten auszudrücken. Mit Wader und Wecker hat er eine Doppel-CD eingespielt, die ich jedem, der sich für deutsche Liedermacher interessiert, ans Herz lege.

Konstantin Wecker bin ich das erste Mal anlässlich eines Bühnenauftritts bei einer Veranstaltung des Deutschlandfunks auf der Berliner Funkausstellung begegnet.

Er begleitete mich damals bei Brecht-Liedern am Flügel. Vorher hatten wir uns öfter in der Münchner Lach- und Schießgesellschaft getroffen, um die neuen Programme zu sehen. Ab und zu waren wir auch in Dieter Hildebrandts Kabarettsendung »Scheibenwischer«, die in den achtziger Jahren vom Ersten Deutschen Fernsehen ausgestrahlt wurde. Meist saß man im Anschluss in gemütlicher Runde beisammen. Conny war zu Beginn seiner Karriere noch nicht so politisch unterwegs. Mit seinem Song »Willy« begann sein politisches Engagement auf der Bühne. Der Text, in dem er den Angriff von Neonazis auf seinen Freund beschreibt – »… und dann hat a plötzlich as Singa ogfanga, so was vom Horst Wessel. Hinten an de andern Tisch habns scho leise mitgsummt« – wurde von ihm immer weitergeschrieben und aktualisiert. Hört man sich heute die Urversion an, ist die beschriebene Szene von bedrückender Aktualität.

Conny ist für mich ein energiesprühender, kraftlebender Mensch mit ganz klarer Ausrichtung – musikalisch unterwegs zwischen Poesie, Belletristik und Rebellion. Seine Texte sind mit die besten, die ich kenne. Sie haben eine enorme Kraft – genauso wie sein Klavierspiel und seine Stimme.

Wenn ich aus Konstantin Weckers Konzerten komme, bin ich wie frisch gebügelt. Conny tut, was auch ich in meinen Programmen beabsichtige – sich zwischen Liebe, Leidenschaft und überzeitlichen gesellschaftskritischen Problemen hin und her zu bewegen. Konstantin Wecker ist auf und abseits der Bühne rebellisch geblieben. Gemeinsam haben wir zum Beispiel 2012 mit Hannes Wader und rund vierzig weiteren europäischen Künstlern, Kulturschaffenden und Politikern einen Appell zur Rettung der Völker Europas als Erstunterzeichner unterstützt. In einer Koalition des Widerstandes ging es damals um die Politik auf den Finanzmärkten – rund vier Jahre nach der großen Finanzkrise. Auch für Attac waren Konstantin und ich aktiv. Er ist ein Mutmacher par Excellence. »Im Herzen gewaltfrei bleiben, bedingungslos lieben, für den Frieden leben« – diese Haltung steht eindeutig für sich.

Konstantin und ich fühlen uns dem Mann aus Nazareth anscheinend gleichermaßen nahe. Denn ich habe ihn gemeinsam mit Gretchen Dutschke in der Film-Doku »Mit Jesus auf die Barrikaden« entdeckt. Politik und Spiritualität gehören für mich zusammen. Und ich denke, darin ist er mit mir einig: Ohne die richtige Geisteshaltung gerät das politische Tun in Verwahrlosung. Eine spirituelle Revolution wäre eine schöne Utopie.

»Siehst ja lecker aus« – dieser kurz an mich genuschelte Satz stammt von Udo Lindenberg, der von sich selbst sagt: »Konsequenz hat einen Namen. Dieser fängt mit U an. U wie Udo.«

So genau weiß ich nicht mehr, wann ich Udo das erste Mal getroffen habe. Er hat wie ich seine musikalische Laufbahn im Zusammenhang mit dem Jazz-Musiker und Komponisten Klaus Doldinger begonnen. Udo spielte als Schlagzeuger in Doldingers Band »Passport« und hat unter anderem auch die von Doldinger komponierte Tatort-Titelmelodie eingetrommelt. Udo Lindenberg begegnete ich über all die Jahrzehnte bis heute meistens dort, wo man sich engagiert – wie zum Beispiel bei »Künstler für den Frieden«. Oder man trifft sich per Zufall in der Lobby vom Hotel Atlantik in Hamburg, wo Udo schon seit Mitte der neunziger Jahre wohnt. Ansonsten sind wir alle während der Jahre stark mit uns selbst beschäftigt. Das Gleiche gilt auch für die gelegentlichen Wiedersehen mit Hannes Wader, Konstantin Wecker oder Reinhard Mey.

Udos Markenzeichen ist Vielseitigkeit. So hat er ein illustres »Udoversum« aufgebaut, wie er es selbst nennt, und gehört zur ersten Garde bester deutscher Rockkultur – mit der ihm ureigenen Sprache. Seine besondere Alltagslyrik spricht mir direkt aus der Seele. Seine Bühnenrevuen wie zum Beispiel »Alles klar auf der Andrea Doria« plus Panikorchester sind legendär.

Hinausgetrampt in die Welt mit fünfzehn, hat er Kellnern gelernt und sich durch Schlagzeugspielen zusätzliches Geld verdient – und auf dem Kiez mit all seinen Stil-, Sprach- und Szeneblüten und den vielen Menschentypen seinen Horizont erweitert. Uns gemeinsam war der Wunsch, im damals noch geteilten Deutschland auch im Osten auf der Bühne zu stehen, was mir ab 1974 ja gelang. Fast zehn Jahre später reiste Udo bekanntlich erst- und leider letztmalig zu einer FDJ-Friedensveranstaltung mit ein paar Songs im Gepäck nach Ostberlin, um vor einem ausgewählten Publikum im Palast der Republik zu spielen. Auf Tour »mit dem Sonderzug nach Pankow« durfte er jedoch zunächst nicht gehen.

Unablässig versuchte er, die verkrusteten DDR-Verbote aufzubrechen – u. a. mit einem offenen Brief an den damaligen DDR-Generalsekretär Erich Honecker, dem Udo auch seine Lederjacke beilegte. Honecker bedankte sich dafür mit einer Schalmei. Bei Honeckers erstem Besuch im Westen überraschte Udo den ahnungslosen Generalsekretär in Wuppertal mit einer nicht ganz billigen Gitarre mit der Aufschrift »Gitarren statt Knarren«. Durch diese kreativ-humorvolle Art hat er sich sicher die Sympathie von Honecker erworben, auf Tour gehen durfte er jedoch erst nach dem Mauerfall.

Udo Lindenberg betritt immer wieder mutig Neuland. Zuletzt habe ich ihn bei der Berlin-Premiere seines Musicals »Hinterm Horizont« getroffen, er hat sich gefreut. Udos Standpunkt zum Älterwerden kann ich voll unterschreiben: »Im Alter kommt es auf zwei Dinge an. Radikalität und Meisterschaft.«

Bevor ich die kleine Retrospektive über diese mir ans Herz gewachsenen Musiker beende, möchte ich noch einige überaus erfolgreiche Kollegen ins Spiel bringen: James Last, Peter Maffay, Wolfgang Niedecken von BAP, Campino von den »Toten Hosen« und Heinz Rudolf Kunze.

Mit James Last startete ich 1971 gemeinsam eine Europa-Tournee durch alle deutschsprachigen Länder.

James war zu dieser Zeit schon lange ein voll etablierter, überaus erfolgreicher und überall geliebter Star. Und trotzdem war dies seine erste Tournee, wie für mich auch. Ganz lässig und easy hat der God Father der Happy Music mir großzügig über eine dreiviertel Stunde von seinem Konzert abgegeben. Und ich Neuling konnte mich mit diesem tollen Orchester über Monate hinweg so richtig ausprobieren. Im Tourbus war ich die einzige Frau, und die Band hat alles geraucht, was qualmt. Vier Wochen habe ich durchgehalten, dann bin ich umgestiegen und von da an dem Bus hinterhergefahren.

James Last war mir während dieser Zeit ein wunderbarer, sehr fürsorglicher Freund – genauso wie er es für seine Musiker war. Wenn ich mal in meiner Garderobe so richtig durchhing, weil ich das tägliche Liefernmüssen auf der Bühne nicht gewohnt war – ich klebte förmlich an meinem Garderobenstuhl –, kam seine aufmunternde Standpauke: »Du musst das machen jetzt, sonst wird das alles nix.« Entweder »janz oder jar nich!«. Sah ich in seine freundlichen Augen, war die Lethargie schnell verflogen, und ich war wieder da. Er gab mir Sicherheit. Auch in punkto Lampenfieber, von dem ich in dieser Zeit wie wahnsinnig geplagt war. Mir konnten die Scheinwerfer nicht grell genug sein, damit ich niemanden im Publikum sehen musste.

Die Tour war ein atemberaubender Erfolg, die Hallen knallvoll. Ich denke, das war in erster Linie seiner Popularität zuzuschreiben, mich kannte man ja nur von meinen Grand-Prix-Auftritten. Mit seiner Musik und seinen Kompositionen holte James Last Menschen aus dem Alltag heraus und versorgte sie mit unbeschwert guter Laune.

Zu Peter Maffay sei gesagt, dass er auch ein astreiner Deutschrocker mit zum Teil sehr guten Texten ist, der gerade in den letzten Jahren mehr und mehr gesellschaftskritisch zur Sache geht und sich zeitkritischer Themen annimmt. Seit über fünf Jahrzehnten rockt er in unverwechselbarer Weise mit seiner Band die Bühnen der Republik. Erstaunlicherweise ist es die gleiche Band, mit der Udo Lindenberg auch schon über all die langen Jahre spielt. Das ist ein wunderbares Beispiel für den großen Zusammenhalt unter Musikern. Auch Maffay war immer mal wieder bei den »Künstler für den Frieden«-Projekten dabei. Zusammen mit Udo hat er bei Konzerten »gegen rechts« Gesicht gezeigt. Man könnte sagen: Es lebe die künstlerische Solidarität. Dies, das sei an dieser Stelle besonders betont, gilt auch für »Wolf« Niedecken von BAP, Heinz Rudolf Kunze und Campino von den »Toten Hosen«. Sie alle zeigen unmissverständlich Haltung und sind nach wie vor verlässliche Partner bei Konzerten für einen friedlicheren Planeten.

Unterhaltung hat etwas mit Haltung zu tun – diesen Anspruch erfüllen alle in diesem Kapitel erwähnten Kollegen, und es ist auch mein Kernsatz, seit ich in diesem Beruf arbeite. Der reine Unterhaltungscircus, in dem sich alles nur um Einschaltquoten und Reichweite dreht, ist sinnfrei, langweilig und eindimensional. Im

Backstagebereich der Branche haben viele eine Ahnung vom Geldkassieren, aber nicht von Musik und schon gar nicht von Kunst und Kultur. Dabei kann Kunst Korrektiv sein. Kluge Politiker wünschen und nutzen das. Willy Brandt ist wie erwähnt ein Beispiel, genauso wie Oskar Lafontaine oder Gerhard Schröder. Das Treffen mit Schröder im Kanzleramt ist mir noch sehr präsent. Wir waren eingeladen, um über die von den USA gewünschte Beteiligung am Irak-Krieg zu debattieren. Rund fünfundzwanzig Personen saßen an einem Tisch. Mit dabei waren unter anderem Christa Wolf, Günter Grass und Klaus Staeck. Dieser Austausch unterstützte Schröders entschiedenes »Nein« zu einer deutschen Beteiligung am Irakkrieg. Er hat sich weder von den Amerikanern weichkochen lassen noch von der CDU-Opposition, die damals für den Kriegseinsatz votierte. Die sozialdemokratischen Politiker haben sich für manche Entscheidung da und dort in Kulturrunden Unterstützung geholt. Heute nutzt man uns gerne als Tanzbären für jede Wahl, mehr oder weniger zum Garnieren oder zur oberflächlichen Heiapopei-Beruhigung. Der tiefere Austausch über gesellschaftspolitische Fragen bleibt weitestgehend außen vor. Unbequemes wird gerne gezielt ausgeblendet. Das sollte sich meines Erachtens so schnell wie möglich wieder ändern. Gerade in Zeiten, die uns vor globale Herausforderungen stellen, ist der Blick über den Tellerrand, die Einbeziehung aller gesellschaftlichen Gruppen überlebensnotwendig. Wenn man mitverfolgt, wie Künstlerinnen und Künstler mit ihrem

Wirken und vielen kreativen Ideen den Menschen auf unterschiedlichste Weise Kraft und Zuversicht in einer schwierigen Situation, wie zum Beispiel der Corona-Krise, geben können, wenn man sieht, welche zentrale Rolle Kunst und Kultur spielen und wie wichtig deren Vertreter für uns alle sein können, dann wage ich einfach mal zu behaupten: Ohne Kulturschaffende gäbe es heute keine Freiheit. Kunst ist systemrelevant!

7

Rebellen des Friedens

Er gilt als »Papst des Ostens«. Als prominentester Flüchtling der aktuellen Welt lebt er seit über sechzig Jahren in Indien. Seine Amtsbezeichnung lautet »Dalai Lama«, was so viel bedeutet wie »Ozean der Weisheit«. Tibeter sprechen vom Dalai Lama als einem »alle Wünsche erfüllenden Edelstein«. Sein Name als buddhistischer Mönch ist Tenzin Gyatsho, sein Geburtsname Lhamo Dhondub. Von sich selber sagt er manches Mal, er sei »kommunistischer Buddhist« oder »buddhistischer Kommunist«.

Im Alter von zwei Jahren wurde er als Wiedergeburt von Tensinresis, des »Buddha des Erbarmens«, erkannt und zu »Seiner Heiligkeit, dem vierzehnten Dalai Lama von Tibet« erkoren. Mit sechs Jahren begann er seine Ausbildung u. a. in tibetischer Kunst und Kultur, Sprachwissenschaft, Medizin und buddhistischer Philosophie. Mit fünfzehn übernahm er nach dem Einmarsch und der Besetzung Tibets durch die chinesische Volksbefreiungsarmee für sein Volk die politischen Regierungsgeschäfte. In den folgenden neun Jahren führte er die Gespräche mit dem damaligen chinesischen Regierungschef Mao Tsetung über die Zukunft seines Landes. Nach einem blutig niedergeschlagenen Volksaufstand gegen China musste er Tibet fluchtartig verlassen, um einer Verhaftung zu entgehen. Er floh zu Fuß nach Indien und ließ sich dort, gefolgt von weiteren rund achtzigtausend Tibetern, unter dem Schutz der indischen Regierung nieder und rief eine Exilregierung ins Leben. In Indien lebt er bis heute in einem Haus, in dem er ein bescheidenes Leben führt und Pilgern seinen Segen erteilt. Die Führung dieser Exilregierung und damit die politische Führung Tibets delegierte er freiwillig 2011 an Lobsang Sangay, der von Hunderttausenden geflohenen Exil-Tibetern aus aller Welt in freier Wahl zum Ministerpräsidenten gewählt wurde. Der Dalai Lama führte damit ein demokratisches System ein und wollte fortan nur noch »einfacher Mönch« sein. Obwohl er bei vielen Tibetern als geistiges Oberhaupt einen gottähnlichen Status hat, deutete er immer wieder an, dass mit ihm auch die Institution des Dalai Lama enden solle. Der zentrale Grund ist wohl seine Befürchtung, dass anstatt führender tibetischer Mönche nun zukünftig die Kommunistische Partei Chinas den nächsten Dalai Lama erkennen und ernennen wolle, um damit in die politische Steuerung Tibets eingreifen zu können. Die Tibeter indessen wünschen sich sehnlichst eine Rückkehr ihres religiösen Führers. Mit seinen Grundprinzipien von Mitgefühl und Gewaltlosigkeit und seinem offenen und zugänglichen Wesen zieht er Menschen überall auf der Welt in seinen Bann – nicht nur Buddhisten.

In den frühen siebziger Jahren bin ich diesem Mann

in Bad Godesberg begegnet, bei der Überreichung der Welthungerhilfsplatte zugunsten der Tibeter durch die Phono-Industrie. Für die Welthungerhilfe war ich in den vergangenen Jahren immer wieder mit verschiedenen Aktivitäten zwischen Afrika und Peru unterwegs. Stellvertretend für alle Mitwirkenden überreichte ich gemeinsam mit Willy Brandt dieses Album zusammen mit dem Erlös aus dem Verkauf der Produktion an den Dalai Lama. Im Anschluss lud Willy Brandt anwesende Künstler und den Ehrengast zu einem Mittagessen in die Redoute ein. Der glückliche Zufall wollte es, dass ich neben dem Dalai Lama plaziert war und in den folgenden zwei Stunden Gelegenheit zu einem intensiven Austausch hatte.

Mit dem Dalai Lama ins Gespräch zu kommen, war ganz einfach. Wir sprachen kurz über sein Leben im indischen Exil und kamen dann schnell auf die deutsche Teilung zu sprechen. Er interessierte sich sehr für die damals noch bestehende Trennung von West- und Ostberlin und fragte nach, wie es den Menschen in dieser Situation erginge. Durch sein Leben im Exil und die eigenen Erfahrungen damit hatte ich den Eindruck, er konnte sich gut in die Lage von Menschen, die unter Teilung oder Vertreibung litten, hineinversetzen. Auch er ist ein Heimatvertriebener, und es sind bis heute keinerlei Anzeichen dafür vorhanden, dass die Chinesen jemals den Tibetern die Autonomie über ihr Land zurückgeben werden.

Menschen, die mit dem Buddhismus leben, haben

anscheinend eine große Leidensfähigkeit und unendlich viel Geduld. So hoffen sie weiter für ihr Volk auf eine gute Regelung, irgendwann. Mit ebendiesem Gleichmut und dieser Zuversicht ist insbesondere der Dalai Lama gesegnet. Das ist für mich vorbildlich, denn Ungeduld ist meine absolute Schwäche.

Neben den politischen Zusammenhängen interessierte mich sehr die Auswahl und Erkennung der Lamas in Tibet – für uns Abendländer eine fast märchenhaft anmutende Geschichte –, die eng mit dem Glauben an die Wiedergeburt im Buddhismus verknüpft ist. Jetzt saß ich an der Quelle und konnte den Dalai Lama dazu befragen.

Ohne zu zögern, erzählte er mir, dass sich die Auswahl eines neuen Lama meist auf Visionen des vormaligen Lama stütze. In diesen Prophezeiungen gebe es deutliche Hinweise darauf, wo sich der eventuell zukünftige Lama befinden könne, beispielsweise in Form von Landschaften oder Gebäuden, nach denen dann ausgeschickte Mönche suchen würden. Diese »Suchtrupps« hätten einige Gegenstände im Gepäck, die unter anderem aus dem Besitz des vorigen Lama stammen würden. Würde ein in Frage kommendes Kind ausfindig gemacht, lege man ihm diese Gegenstände vor. Könne es die aus dem Besitz des Lama stammenden Dinge herausfinden, gelte das als Zeichen, dass der nächste Lama erkannt worden sei. Dieses Kind werde dann mit den Aufgaben eines religiösen Staatenführers konfrontiert. Wie eben auch in seinem Fall.

Ich fragte den Dalai Lama, ob er sich vorstellen könnte, dass Jesus auch ein guter Buddhist sein könnte. Er lächelte zustimmend. Wir waren uns einig, Jesus war ein Rebell für Liebe und Frieden. In unserem Gespräch deutete er an, dass eine Welt ohne Religionen wohl friedlicher wäre, weil – ich sage es mit meinen Worten – jede Religion leider auch mit Rechthaberei und Machtanspruch zu tun hat.

Die zwei Stunden am Tisch gingen vorbei wie im Flug. Sein einladend herzliches Wesen, sein Humor, die spontane Offenheit und sein bescheidenes Auftreten haben mich sehr berührt. Man sieht die entspannte Duldsamkeit seinem Gesicht förmlich an – keine einzige Sorgenfalte war zu entdecken.

Bis heute ist das wohl so geblieben, wenn ich mir aktuelle Bilder von ihm anschaue. Sein Charisma umgibt ihn auf ganz natürliche Weise mit schlichter Erhabenheit und großer Freimütigkeit. Neben ihm zu sitzen, war wie eine Art Trost voller Zuversicht.

Beim Abschied in Bad Godesberg hatte ich irgendwie das Gefühl, ich ginge wie auf Wolken nach Hause. Selbstverständlich bin ich dem Dalai Lama inzwischen auf anderen Wegen in Büchern und Medienberichten begegnet. Durch seine auf CD gebrannten Gebete und Gesänge begleitet er mich manchmal stundenlang. Dieses tiefe sonore Schwingen seiner Stimme wirkt auf mich heilsam. Der Klang seiner Stimme ist so tief und warm, als ob man in einen dicken Kaschmirumhang gewickelt wäre.

»Glück kann man durch die Schulung des Geistes erlangen« – dieser Satz des Dalai Lama aus unserem Tischgespräch in Bonn ist besonders in mir haften geblieben. »Warum soll ich mich aufregen? Dann muss ich mich ja wieder abregen. Das wäre mir viel zu anstrengend«, scherzte er lachend. In Sachen Glück weist er grundsätzlich in seinen Schriften und Reden darauf hin, dass der eigentliche Sinn des menschlichen Lebens im Streben nach Glück liegt. Ja, er verstärkt dies sogar noch, indem er sagt, dass unser Leben auf dieses Glück hin ausgerichtet ist. Glück sei nicht nur möglich, sondern das Recht eines Menschen von Geburt an. Genügsamkeit sei eine Quelle von Glück, der große Reichtum fürs Glücklichsein liege im Geiste. Achtsamkeit und Mitgefühl sind für den Dalai Lama wesentliche Werte zum Erreichen von Glück. Darunter versteht er sowohl individuelles als auch kollektives Glück.

Wenn der Dalai Lama von Glück redet, dann meint er ein menschliches Glück vor dem Tod – auch das gefällt mir am Buddhismus. Er bietet eben keine himmlische Jenseits-Philosophie an, sondern sucht den Himmel und seine Zugänge im Hier und Jetzt. Der Buddhismus will im Diesseits das Beste aus dem Menschen herausholen. Glück hänge zum Beispiel nicht vom Zufall ab, sondern ist dem Dalai Lama nach eine Fähigkeit, die jeder Mensch in sich trägt. »Jede und jeder kann glücklich sein oder glücklich werden.« Glück sei dabei für ihn immer ein Resultat von Reifung. Viele suchten das Glück in materiellen Dingen, wirkliches Glück komme aber von innen. »In unserer heutigen Welt wird in Sachen Glück den materiellen Werten viel zu viel Bedeutung beigemessen«, schreibt er in einem seiner Bücher. »Sie sind wichtig, können aber unseren psychischen Stress, unsere Furcht, Wut oder Frustration nicht verringern.« Deshalb bräuchten wir eine tiefere Ebene des Denkens. Durch Meditation könnten wir zum Beispiel lernen, dass Geduld das wichtigste Gegenmittel gegen Wut ist, Zufriedenheit gegen Gier wirkt, Mut gegen Angst und Verständnis gegen Zweifel.

> *Wahren Frieden mit uns, zwischen uns und um uns herum können wir nur durch inneren Frieden erlangen.*
> DALAI LAMA

Gewaltfreiheit spielt in der Ethik des Dalai Lama eine große Rolle. Krieg sei eine alte Art zur Konfliktlösung. Ein konsequenter Pazifismus ist sein Credo. Insbesondere die jungen Menschen dieser Welt ruft er in den letzten Jahren dazu auf, zu universellen Rebellen des Friedens zu werden. Dazu rät er zu Mitgefühl und kollektiver Intelligenz. Er spricht in diesem Kontext gar von einer »Revolution des Mitgefühls« als eine große, so noch nie dagewesene Bewegung. Mitgefühl ist für ihn die Basis des menschlichen Zusammenlebens. Die Revolutionen der Vergangenheit haben den menschlichen Geist leider nie verändern können. Doch dieser neue Revolutionsgedanke überzeugt. Er fordert eine gemeinschaftliche Gedankenwelt, eine Kultur des Teilens, der Gerechtigkeit und Solidarität auf unserem Planeten. Das tibetische Oberhaupt sieht die ganze Menschheit als eine große vernetzte Menschenfamilie.

»Freiheit, Gleichheit, Brüderlichkeit« heißt seine Devise. Die Begriffe sind ihm sowohl aus der Französischen Revolution als auch aus dem Buddhismus vertraut. Genauso bringt er sie mit den Menschenrechten in Verbindung. Der Dalai Lama gilt als Verfechter von Demokratie und verbindet seine geistige und geistliche Haltung mit politischem Engagement. Unmissverständlich positioniert er sich gegen kapitalistische Ausbeutung, gegen Umweltzerstörung und Atomwaffen.

Diese Einmischung in weltlich-politische Belange würde ich mir auch noch viel mehr vonseiten des christlichen Klerus wünschen. Eine reine Halleluja-Spiritualität ist mir da oft ein bisschen sehr wenig. Auch in Betrachtung aktueller deutscher und europäischer Fragen im Blick auf das Thema Geflüchtete und Zuwanderung äußert sich der Dalai Lama im Jahre 2019 in aller Klarheit: Die europäischen Länder sollten diese Flüchtlinge aufnehmen, ihnen Bildung und Fähigkeiten vermitteln. Ziel sollte aber sein, dass sie in ihre Länder wieder zurückkehren können, um dort Aufbauarbeit zu leisten. Auf die Frage, was denn sei, wenn diese Flüchtlinge in Europa bleiben wollen, hat er ebenfalls einen klaren Standpunkt. »Eine begrenzte Zahl ist in Ordnung. Aber dass ganz Europa letztendlich ein muslimisches Land wird? Unmöglich. Oder ein afrikanisches Land? Auch unmöglich.« Sie, die Geflüchteten, sollten besser in ihrer

Heimat gut leben können. »Wir Tibeter haben zum Beispiel in Indien Zuflucht gefunden, aber die meisten Tibeter wollen nach Tibet zurückkehren, wenn sich die Situation dort geändert hat. Jedes Land hat seine eigene Kultur, Sprache und Lebensweise, und es ist besser für die Menschen, in ihrem eigenen Land zu leben«, sagte er in einem Interview.

Und diesen pragmatischen Standpunkt finde ich genau richtig. Selbstverständlich setzt das voraus, dass rückkehrende Menschen in ihren Ländern in keiner Weise verfolgt oder bedroht werden – und dass die Weltgemeinschaft zukünftig auf jedem Kontinent für Gerechtigkeit und ein gutes Leben gemäß den Bedürfnissen der Völker und Nationen sorgt.

Scharf in den Blick nimmt das tibetische Oberhaupt auch das Scheitern der Religionen. Jede Religion beharre darauf, das Trennende zu kultivieren, statt sich in dem zu vereinen, was sie verbindet. Er fordert dazu auf, über die Religionen hinauszudenken. Ethik sei wichtiger als Religion. Sie gehe einfach tiefer. Ohne Religion könne man auskommen, aber nicht ohne Liebe und Mitgefühl. Ethik, nicht Religion, sei in der Natur des Menschen verankert. Werte wie Achtsamkeit, Respekt, Toleranz oder Fürsorge seien nicht von Religionen abhängig. Auch das sind mutige Worte eines Religionsführers.

So ist der Dalai Lama für mich ein Symbol- und Hoffnungsträger für ein neues wirkungsvolles Miteinander der Religionen dieser Welt und der Verwurzelung der Menschen in einer Unterschiede überwindenden gemeinsamen Ethik, in deren Mittelpunkt als Fundament und Herzstück Liebe und Versöhnung stehen. Das Gemeinsame wird zum Überleben der Menschheit immer wichtiger – auch diese Überzeugung des Dalai Lama teile ich angesichts der großen Herausforderungen dieses Jahrhunderts. »Die wichtigste Frage aber muss heißen: Wie können wir einander dienen?«, so der charismatische Religionsführer, der sich selbst nicht als Gottheit, sondern als ein Mensch unter sieben Milliarden von Menschen sieht. Der Lama verbindet grundsätzlich östliche und westliche Wissenschaft mit der buddhistischen Lehre. Wissenschaft und Glaube sind für ihn keine Widersprüche, sondern zwei Seiten ein und derselben Medaille, die Leben heißt. Eine Abgrenzungspolitik ist bei ihm nicht zu entdecken. Er vereint die Dinge.

Ganz besonders froh bin ich über Appelle des Dalai Lama, wenn er über die Rolle der Frau in der Welt spricht. Er selbst bezeichnet sich als Feminist. Wahrhaftige Gleichwertigkeit und Gleichberechtigung sind in seinen Augen eine wichtige Voraussetzung für ein besseres Leben auf der Erde. Frauen seien Männern bei der Entwicklung innerer Werte weit voraus. Noch deutlicher wird er, wenn er sagt, dass die großen Probleme der Menschheit weitgehend von Männern gemachte Probleme sind. Dazu zählt er Kriege und die Umweltzerstörung. »Männer hat man zu oft als Helden gefeiert, obwohl man sie besser als Kriminelle hätte verurteilen sollen«, sagt er provokant. Frauen komme eine besondere Rolle darin zu, aus dieser Welt einen besseren Ort zu machen. Es sei erwiesen, dass »Frauen empathischer und sensibler seien als Männer und die Gefühle ihres Gegenübers besser wahrnehmen können«. Deshalb wünsche er sich auch mehr Frauen in Führungs- und Schlüsselpositionen – auch als Staatspräsidentinnen und Regierungschefinnen. Das ist mal eine Ansage! Auch eine weibliche Dalai Lama komme für ihn in Frage, falls es in Zukunft weitere Lamas geben werde. Grüße an dieser Stelle ins katholische Rom und in die dortige klerikale Männerwelt – mit der herzlichen Einladung zur Reflexion in diese Richtung – auch wenn ich evangelisch bin. Immerhin verbindet uns das Christentum und eine Bibel, aus der Frauen nach offiziellem Stand der Wissenschaft im Laufe der Zeit von einer männerdominierten Gesellschaft herausgeschrieben wurden.

Faszinierend und berührend finde ich seinen unerschütterlichen Glauben an politische Wunder. So sieht er bis heute einen Weg der Einigung mit der Volksrepublik China im Hinblick auf die Autarkie Tibets. Diese Hoffnung begründet er mit Beispielen wie der Europäischen Union, in der heute ehemals verfeindete Kriegsparteien zusammenarbeiten. Ganz besonders nennt er hier das Beispiel Deutschland und Frankreich. Auch führt er in diesem Kontext die Wiedervereinigung Deutschlands an. 1989 war er zufällig am Tag des Mauerfalls in Berlin und wurde von den begeistert feiernden Menschen mit einem Licht in der Hand auf die Mauer gehoben. In diesem Zusammenhang würdigte er auch Willy Brandt. »Ich habe große Hochachtung vor ihm. Er hat im Kalten Krieg um die eigenen Rechte gekämpft – und doch ein gutes Verhältnis mit der Sowjetunion gepflegt.« Ob ihn das wohl auch an seine Situation mit China erinnert?

Dem Dalai Lama bin ich rund zwanzig Jahre nach meinem ersten persönlichen Treffen in Bad Godesberg wieder begegnet. Anlass war ein Festakt zum fünfzigjährigen Jubiläum des Südwest-Rundfunks in Baden-Baden. Der Dalai Lama war zu dieser Feierlichkeit als Ehrengast eingeladen, eine Rede zu halten. Nach dem offiziellen Teil ging ich auf ihn zu. Er erinnerte sich an mich, hat meinen Kopf in seine Hände genommen und ihn gedrückt. Dabei hat er so richtig gestrahlt. Leider war er umlagert von Menschen, wir hatten keine Möglichkeit, uns zusammenzusetzen und länger zu sprechen. Und so war es nur eine kurze Begegnung. Die Begegnung in Herz und Geist findet weiter statt. Dieser lebensfrohe, optimistische Botschafter von Mitgefühl und Frieden ist mein großes Vorbild geworden. Seiner Botschaft: »Mehr zuhören, mehr Nachdenken, mehr Meditieren« folge ich gern und auch seinem Hinweis auf den Satz von Mathama Gandhi: »Wir müssen selbst die Veränderung sein, die wir in der Welt sehen wollen.«

8

»Unsere Gebete sind stärker als alle Atombomben zusammen«

Für ein turbulentes Leben auf den Bühnen der Öffentlichkeit braucht es einfach Menschen und Rückzugsorte, die einen auffangen können aus übermäßigen Adrenalinhöhen, bei denen man »Halt« finden kann im Sinne von Reflexion, Rückschau und Stille und damit auch Wiedererdung und Verwurzelung.

Auf den nächsten Seiten möchte ich Sie gern zu spirituellen Orten und geistig anregenden Menschen mitnehmen – genauer gesagt zu christlichen Klöstern und zu den Menschen, die dort leben oder in früherer Zeit dort gelebt haben. Das Christentum, und in erster Linie die Amtskirche als seine vertretende Verwaltung heutzutage, ist mir in einigen wesentlichen Bereichen zunehmend fremd geworden. Manches Mal fühle ich mich dem Buddhismus viel näher. Er scheint mir doch in Sprache und Äußerung liebevoller und lebensbezogener zu sein. Gleichzeitig ist meine Beziehung zu Jesus unzerbrechlich. Als eigentlich zweifelnder Mensch erfahre ich Stärkung meines Glaubens durch Menschen, denen ich sehr zugetan bin und die ich in meinem Leben nicht mehr missen möchte.

Zu diesen besonderen Menschen gehörte Schwester

Cäcilia Bonn, die Spiritualnonne vom Orden der Benediktinerinnen in der Abtei St. Hildegard in Rüdesheim-Eibingen. Vor einigen Jahren ist sie hochbetagt – für mich viel zu früh – von uns gegangen. Ich vermisse sie sehr, doch sie und unsere langjährige Freundschaft leben in mir und meinen Gedanken weiter. Vielen treuen Hildegard-Freunden ist sie noch aus ihrer aktiven Zeit als profunde Forscherin und Kennerin der heiligen Hildegard und aus den unzähligen Vorträgen über die Volksheilige in Erinnerung. Sie wurde nicht müde, bei jeder Gelegenheit den Menschen unserer Zeit das prophetische Werk der »Posaune Gottes«, dieser unglaublichen Jahrtausend- oder sollte ich sagen Zwei-Jahrtausendfrau Hildegard von Bingen, näherzubringen.

Schwester Cäcilia habe ich 1984 bei einem Benefizkonzert von »Künstler für Christus« im Kaiserdom in Frankfurt kennengelernt. »Künstler für Christus« war eine Initiative meiner Freundin, der Sängerin und Schauspielerin Inge Brück. Der Erlös dieses Konzertes mit bekennenden Christen aus der Musikszene ging an »Kirche in Not« und diente der Unterstützung verfolgter Christen in aller Welt. Beim letzten Konzert im Bamberger Dom standen Kathy und Maite Kelly mit vor dem Altar.

Neben Inge Brück und mir hatten sich Sängerinnen, Sänger und Musizierende aus ganz Europa, Afrika und Amerika im Frankfurter Dom versammelt. Ich weiß noch, dass auch mein ehemaliger Pianist Dieter Falk dabei war, der damals vor allem für Inge spielte und sie den ganzen Abend am Flügel begleitete. Nach der Zeit mit Inge arbeiteten wir zusammen, und mit den Jahren entwickelte er sich zu einem erfolgreichen Produzenten und Komponisten, der heute Projekte mit Namen wie Pur, Pe Werner, Patricia Kaas, Roger Chapman etc. vorweisen kann. Gemeinsam haben wir mein Album »Witkiewicz« produziert, eine Art Rückkehr zu den Wurzeln meines schönen polnischen Namens. Auch im Dom mit dabei waren Mario Argandoña sowie Barry McGuire, den man besonders von seinem Song »Eve of Destruction« kennt. Moderiert hat den Abend damals der Sport-Chef des ZDF, Dieter Kürten, auch als bekennender Christ unterwegs.

In dieser lebendigen Atmosphäre entstand fast nebenbei noch ein sehr hörenswertes Livealbum.

Im Publikum saß auch Schwester Cäcilia, die mich nach der Veranstaltung in unserem Gespräch mit dem Vorschlag überraschte, auch einmal für ihre Mitschwestern und sie im Konvent zu singen. Bei diesem Kloster handelte es sich um die besagte Benediktinerinnenabtei Sankt Hildegard in Eibingen, die erhaben und wunderschön inmitten von Weinbergen oberhalb der Stadt Rüdesheim am Rhein thront. Dort hatte Hildegard von Bingen bereits 1150 ein Kloster gegründet. Es handelte sich um ein Tochterkloster ihrer ersten Gründung auf der gegenüberliegenden Rheinseite auf dem Rupertsberg, die für die stetig wachsende Klostergemeinschaft zu klein geworden war. Vom ursprünglichen Eibinger

Kloster ist durch Zeitereignisse Anfang des neunzehnten Jahrhunderts nur ein Gebäudeflügel und die schöne alte Klosterkirche übriggeblieben. Sie ist heute allgemein zugänglich und dient als Pfarr-, Dorf- und Wallfahrtskirche von Eibingen. In ihr sind auch der Hildegardschrein und andere Reliquien aufbewahrt. Oberhalb des Altars befindet sich ein ganz fein gearbeitetes Mosaik, das Christus darstellt, der mit faszinierendem Blick den Besucher anschaut, egal, wo man auch steht. Als Ersatz für das ursprüngliche Klostergebäude wurde 1904 dann die Abtei erbaut. Seit 2002 ist sie Teil des UNESCO-Welterbes.

Kurz nach unserem Aufeinandertreffen im Kaiserdom besuchte ich Schwester Cäcilia. Noch im gleichen Jahr sang ich im neuen Klostergebäude in einem großen Aufenthaltsraum mit hohen Wänden für die sechzig Schwestern. Den besonderen Raumklang eines Klosters kann man kaum beschreiben, man muss ihn erleben. Gospels und moderne christliche Songs von Inge Brück hatte ich im Gepäck, und die Schwestern hatten ihre Freude daran.

Klöster haben seit langem eine starke Anziehungskraft auf mich, sind sie doch immer zeitlos erscheinende Kraftorte, die genau wie viele Kirchen die Geschichte von vergangenen Jahrhunderten erzählen und durchdrungen von einer Atmosphäre aus Einfachheit, Stille und Kontemplation bis in unsere heutige Zeit hineinstrahlen. Man spürt hautnah die geistige Dichte an stark »bebeteten« Orten. Ohne tiefe Gebete wirken Kirchen irgendwie museal – imposant, aber leer und kalt. Nicht alle klösterlichen Einrichtungen haben wie die Abtei St. Hildegard dieses Warme, »Nestige«, wo man sich sofort geborgen und wie zu Hause fühlt.

Neben Pilot und Schiffskapitän wollte ich als Kind unbedingt auch Nonne werden. Ich fand die Schwestern so schön mit ihren langen Gewändern und Schleiern, und bequemerweise wussten sie jeden Tag genau, was sie anziehen sollten. Tja, aus den kindlichen Spinnereien ist bekanntlich nichts geworden. Später aber, genauer gesagt 2012, stand ich als benediktinische Nonne auf der Bühne, die mithilfe eines Franziskaner-Priesters in Gestalt meines Pianisten Stefan Kling am Klavier mit Musik und Worten das Publikum in Sachen Lebensfragen coachte. Das Solo-Theaterstück nach meiner Idee drehte sich um die wesentlichen Dinge des Lebens und trug den Titel »Sister Class«. Es erlebte fast zweihundert tatsächliche und Gott sei Dank bejubelte Aufführungen auf verschiedenen Bühnen.

Schwester Cäcilia mit ihrem freigewählten Leben für die Liebe zu Jesus Christus und nach den über 1400 Jahre alten Ordensregeln des heiligen Benedikt hinterließ bei mir einen bleibenden Eindruck. Durch sie zog es mich über einen Zeitraum von mehr als zwanzig Jahren für kürzere oder längere Aufenthalte mehrmals jährlich in die Abtei. Wir führten Gespräche über Gott und die Welt. Über Philosophisches und psychologische Schwierigkeiten von mir und anderen, deren Probleme ich ihr auch anvertrauen durfte, bis hin zu ganz Alltäglichem, dem auch die Schwestern manchmal ausgesetzt waren. Und vor allem sprachen wir jedes Mal über die vielen Möglichkeiten der Hildegard-Medizin – jenem unermesslichen und überaus kostbaren Vermächtnis des großen Geistes dieser unglaublichen Frau.

Schwester Cäcilia hat oft betont, wie dankbar und froh ihre Schwestern und sie wären, wenn ernsthaft interessierte, hilfesuchende Menschen mit ihren sie belastenden Themen und Kümmernissen zu ihnen ins Kloster kämen. Daraus hätten sich schon viele gute Bindungen entwickelt, unter anderem zu Menschen, die sich daraufhin der interessanten Biographie der Volksheiligen in vielen Variationen angenommen hätten.

Menschen im Kloster bräuchten den Austausch von außen nach innen mindestens genauso wie wir, die von außen kommend ihre Gegenwart suchen, weil auch Ordensleute, die nicht so oft reisen, den Kontakt mit der Außenwelt nicht verlieren wollen. Manches Mal erschien mir Schwester Cäcilia fast wie eine ältere Schwester, so nah fühlte ich mich ihr. Ihre zeitgemäße Einstellung äußerte sich in erfrischend wachem Interesse und großer Offenheit. »Es gibt niemanden, den ich kenne, der in seiner Selbstbetrachtung so schonungslos mit sich umgeht wie du«, sagte sie des Öfteren zu mir. Vielleicht liegt es daran, dass ich mich als Kind und Halbwüchsige nicht besonders mochte und immer unruhig und unzufrieden auf der Suche war – nicht wissend, wonach eigentlich. Im Laufe der Zeit haben sich diese Zustände zum Positiven gewandelt, aber das Maß meiner Selbstkritik ist geblieben. Cäcilia besaß eine große Bewunderung für das Durchstehen eines freischaffenden Künstlerlebens über viele Jahre hinweg in einem so unregelmäßigen und unsicheren Beruf. Sie nannte dieses auf freiwillige Disziplin gebaute Gaukler- und Sängerleben eine regelrechte Askese. Vielleicht liegt sie damit gar nicht so falsch – aus dieser Perspektive habe ich diesen Beruf noch nie betrachtet.

Auch gemeinsame Gebete hatten ihren Platz bei unseren Begegnungen. Nach wie vor bemühe ich mich, das Beten inmitten des ganzen Trubels nicht zu vergessen. Als Kind habe ich regelmäßig für meine Lieben und all jene, denen es schlecht ging, gebetet. Das Gebet kann eine heilende Kraft sein. Die Nonnen vom Benediktiner-Konvent sind davon überzeugt: »Unsere Gebete sind stärker als Atombomben« – in diesen Worten spiegelt sich für mich das überaus starke Gottvertrauen der Schwestern in ihre Berufung wider. Besser geht's nicht. Wenn viele Menschen gleichzeitig beten, ist das von einer enormen, geballten Energie.

In ihrem Konvent, der auch wegen der dort herrschenden lebendigen und lebensbejahenden Atmosphäre von keinerlei Nachwuchssorgen geplagt ist, arbeiten und leben wache, selbstbewusste Frauen jeden Alters – aus dem Glauben und »von ihrer Hände Arbeit«. Die Schwestern sind voll »im Business« und bestreiten eigenbestimmt den Lebensunterhalt des Klosters. Dazu gehören Weinanbau plus Weingut mit Vinothek, eine

Bäckerei mit Klostercafé sowie ein Klosterladen mit integrierter Buchhandlung. Auch Kunstwerkstätten wie eine Goldschmiede und die Keramikwerkstatt werden von den Schwestern betrieben. Einen Onlineshop gibt es selbstverständlich auch. In der angeschlossenen Akademie kann man viel über Hildegard von Bingen und ihre benediktinische Spiritualität, vor allem aber auch über ihr großes Wissen und Wirken in Heil- und Kräuterkunde erfahren. Die Fortbildungsarbeit ist von der Überzeugung getragen, dass eine Rückbesinnung auf europäische Werte Antworten auf die Herausforderungen unserer Gegenwart bieten kann und damit in eine selbst verantwortete Zukunft führt. Der heilige Benedikt von Nursia ist bekanntlich der Schutzpatron Europas, und Europa braucht Schutz – nicht nur von Benedikt, sondern auch von uns. Wichtig ist, dass sich entgegen den Nationalismen mancher Länder und deren Administrationen die Erkenntnis durchsetzt, dass Europa nur gesamtsolidarisch funktionieren kann. Das wird, denke ich, Thema der Akademie und des Trägervereins bleiben, bei dem übrigens jeder Mitglied werden kann.

Weiterhin kümmert man sich dort intensiv um die wissenschaftliche Forschung in Sachen Hildegard. Denn da ist noch längst nicht alles wiederentdeckt. Hildegards Gedanken haben bereits zu Lebzeiten weit auf den europäischen Kulturraum ausgestrahlt. Im Rahmen dieser Forschung hielt »meine« Schwester Cäcilia zahlreiche Vorträge über das Phänomen dieser Jahrtausend-Persönlichkeit, die mich schon vor den Begegnungen in der Abtei St. Hildegard mit ihrer Wirkung auf die damalige und die heutige Welt buchstäblich vom Stuhl gerissen hat. Die atemberaubende Vielseitigkeit von Medizin und Kunst, Komposition und Dichtung, Naturwissen und Mineralkunde – und über allem dieses grenzenlose Gottvertrauen! Unfassbar, diese begeisternde »Magd Gottes«, die sich mit ihrem außergewöhnlichen Kampfgeist in der damaligen klerikal-verblockten Männerdomäne durchzusetzen wusste und damit jedes Mal ihre Absetzung als Äbtissin durch den Papst riskierte. Ein paar hundert Jahre später wäre sie vermutlich für diesen Einsatz auf einem Scheiterhaufen der Inquisition gelandet. Sie muss einen Schutzengel gehabt haben – zu groß und überraschend waren ihr Werk und Einfluss für die Klerikalen von damals, und das als Frau.

Hildegard von Bingen hat ihr Leben mit voller Hingabe »ihrem Gott« gewidmet, und ihre Strahlkraft hält bis heute an. Ihre Betitelungen reichen von Wunderheilerin über Prophetin, Künstlerin, Seherin, Sprachrohr und Werkzeug Gottes bis hin zu Mystikerin, Universalgelehrte und Universalgenie. Sie war eine eigenständige, freimütige Denkerin, fähig zu kraftvoll streitbarer Rebellion und mit großem Forschergeist sowie geistlichem und weltlichem Weitblick gesegnet. Vor allem war sie eine der ersten Feministinnen, auch wenn man mit dieser Bezeichnung zu ihren Lebzeiten logischerweise noch nichts anzufangen wusste.

Sie hat als Frau das »Wesen Frau« auf unterschiedlichsten Feldern ins Spiel gebracht. Zu Hildegards Zeit ging die Frau nach der Heirat in den Besitz des Mannes über. Dieser verfügte über ihre Mitgift, ihre Arbeitskraft, ihren Körper und ihre Kinder. Sie verlor jedes Recht auf Selbstbestimmung. Auch in sexueller Hinsicht. Sie hatte ihrem Mann willig zu sein. Die hohe Zahl an Kindern schwächte die Frauen körperlich, und fehlende Hygienemöglichkeiten und medizinische Versorgung während oder kurz nach der Schwangerschaft führten oft zum frühzeitigen Tod. Dies war im wahrsten Sinne des Wortes der überlebenswichtige Grund, warum sich Hildegard in ihrem Heilungswissen so intensiv mit der Frau und ihrem Körper befasste und diese Forschungsergebnisse öffentlich machte. Ohne Scheu besprach Hildegard die weiblichen Geschlechtsorgane, stellte Betrachtungen zum Hymen und zur Schwangerschaft von der Zeugung bis zur Entwicklung des Embryos an. Sie entwarf so etwas wie eine Geburtskunde und schenkte der männlichen Ärzteschaft ihrer Zeit bis heute wichtige Erkenntnisse über den weiblichen Körper. Mit Blick auf die Elternschaft wies Hildegard darauf hin, dass ein liebevolles Verhältnis der Eltern untereinander wichtig für das Gedeihen eines Kindes sei: »Bei vorherrschender Bitterkeit ihrer Erzeuger wird auch das Kind bitter.« Diesen Satz kann man damals wie heute so stehen lassen. Auch ihren Hinweis, »dass es Frauen gibt, die eigentlich gesünder, kräftiger und fröhlicher ohne Männer als mit ihnen sind«, halte ich für zeitlos. Erstaunlicherweise hat sich Hildegard auch, und das mit einer sehr offenen,

126

modernen Art, des Themas der weiblichen und männlichen Sexualität angenommen und diesem einen eigenen, wertschätzenden Eros gegeben. »Wind der Lust« ist ein Begriff darin. Die Auflösung des männlichen Besitzanspruches und die Gleichstellung von Mann und Frau wird von Hildegard besonders im Geschlechtsakt betont. Anders als andere Autoren des Mittelalters sah Hildegard den Grund des Sündenfalls nicht in der Schwäche Evas, sondern in einer übertriebenen Weise der Liebe Adams zu Eva. Auch christliche Frauenbilder interpretierte Hildegard neu. Dazu zählte das Marienbild, in dem keine schüchterne und überfromme, alles und jeden ertragende, ohne Unterlass betende und unterwürfige Jungfrau zu erkennen ist. Die Äbtissin stellte Maria als eine kraftvolle und geschützte Kämpferin mit einer enormen Fruchtbarkeit dar. Jungfräulichkeit im geistigen und geistlichen Sinne verband Hildegard dabei mit Unabhängigkeit und weitgehender Autonomie über Körper, Geist und Seele. Jungfräulichkeit in dieser Haltung könne so in ihrem Verständnis auch nicht durch Heirat gebrochen werden. Sie nahm mutig den Begriff Jungfrau aus dem dogmatisch besetzten Verständnis von Körperlichkeit heraus und setzte ihn in einer neuen Frische mit geistiger Autarkie der Frau gleich. Das war revolutionär. So wie die Tatsache, dass sie ein Kloster gründen und öffentlich predigen durfte und später sogar zur Kirchenlehrerin ernannt wurde.

Schlimm ist für mich bis in die Jetztzeit hinein der Umgang der Kirche mit Frauen – ganz besonders bei den Katholiken. Selbst die Benediktinerinnen in der Hildegard-Abtei in Eibingen halten bis heute die Regel ein, dass zum Gottesdienst immer noch ein Mann als Priester anwesend sein muss, damit dieser überhaupt als richtiger Gottesdienst Gültigkeit hat. Dabei sind sie doch in all ihrem sonstigen Handeln völlig selbständig.

Über das konkrete Leben Hildegards gibt es wenige historisch belegte Quellen. Vieles, was heute übermittelt ist, entspringt ihrem eigenen Werk, das eine deutliche Sprache spricht. Gesagt werden kann, dass Hildegard im Jahre 1098 in Bermersheim bei Alzey auf die Welt kam. Sie war das zehnte und letzte Kind »Hildeberts und Mechthilds«, einer wohlhabenden Adelsfamilie, die auf einem Gut mit dem Namen Herrenhof lebte. Dazu gehörten viele weitere Liegenschaften. Über ihre Kindheit und ihr Leben auf diesem Anwesen mit seinen stattlichen Gebäuden, seinen Behausungen für Leibeigene und seinen Ländereien mit Wiesen, Äckern und Weingärten ist der Nachwelt wenig bekannt. Da ihre Mutter in ihrer klar festgelegten, der Vormundschaft des Mannes unterworfenen Rolle als Frau für den reibungslosen Ablauf des großen Haushalts verantwortlich war und ihr Vater sich um die Bewirtschaftung des Guts kümmern musste, wuchs Hildegard inmitten der reichen Natur an der Seite einer Amme auf. Diese Amme war ihre Vertrauensperson und übernahm die Mutterrolle. Mit acht Jahren beschlossen ihre Eltern, sie als »Zehnte« Gott zu weihen und als »oblata« – so die

lateinische Bezeichnung – »darzubringen«. »Mit acht
war ich Gott zum geistigen Verkehre gebracht«, schrieb
sie später. Unter der Obhut von Jutta von Spanheim, der
Tochter eines befreundeten Grafen, die sich zum Eintritt ins Kloster entschieden hatte, wuchs sie in einer
Klause auf, die dem Mönchskloster Disibodenberg angeschlossen war. Diese abgeschiedene Behausung hatte
der Vater Juttas von Spanheim für seine Tochter erbaut.
Derartige auch Ermitage genannte Gebäude standen
unter dem Schutz von Mönchen. 1115 legte Hildegard
nach der Zeit der Einsiedlerei und der Beendigung der
Lehre bei Jutta ihre Ordensgelübde ab und trat dem Be-
nediktinerorden bei. 1136 wurde sie nach Juttas Tod zu
deren Nachfolgerin als »Magistra« des Frauenkonvents
gewählt. Mit der Zeit hatte sich die ursprüngliche Klause zu einem Frauenkloster herausgebildet. Hildegard
begann, nachdem sie die Leitung des Klosters übernommen hatte, mit der dringend notwendigen Erneuerung
des klösterlichen Lebens. Sie milderte so manche von
ihrer Vorgängerin gesetzte Regel in Sachen Askese und
verkürzte zum Beispiel die ihr unsinnig erscheinenden
langen Gebets- und Gottesdienstzeiten. Auch Speise-
bestimmungen wurden gelockert, und für die Hygiene
legte sie eine Wasserleitung in jedes Schwesternzimmer.
Außerhalb des Klosters forderte Hildegard die kirchlichen und weltlichen Mächte heraus. Sie setzte sich mit
klarer Sprache für die Erneuerung und Stärkung des
christlichen Glaubens und der ritterlichen und klösterlichen Tugend einer frommen, disziplinierten und maß-

vollen Lebensweise ein. Besonders scharf tadelte sie die mangelnde Disziplin und die Lebensform eines Teils des christlichen Klerus. Trägheit, Völlerei, Hochmut und Gleichgültigkeit, Feigheit, Unehrlichkeit, Pflichtverletzungen, fehlende Anbetung sowie Frauenfeindlichkeit waren einige der von ihr ausgemachten und angemahnten Schwächen des Klerus. Als fruchtlos und unnütz bezeichnete sie einen Großteil der Geistlichen in dieser Zeit: »Sie kennen Gott, wollen aber nicht verkündigen.«

Hildegard durfte mit Genehmigung des Papstes öffentlich auf Plätzen und in Kathedralen vor Klerus und Volk predigen, wenn auch nicht von einer Kanzel oder vom Altarraum aus. Diese Orte blieben, genau wie kirchliche Priester-, Bischofs- und Papstämter, Männern vorbehalten. Aber allein die Tatsache, dass sie öffentlich predigen durfte, war ein ungeheurer Vorgang in der damaligen katholischen Welt des hohen Mittelalters. Ihre Wege führten sie dabei nach Mainz, Würzburg, Bamberg, Trier, Metz und Köln. Vehement bekämpfte sie auch die »Irrlehre der Katharer« und deren Sektierertum. In ihrer weltlichen und geistigen Arbeit stand Hildegard in Briefkontakt mit Päpsten und Bischöfen, mit Kirchenlehrern und Mystikern wie dem Abt Bernhard von Clairvaux, aber auch mit weltlichen Herrschern wie Kaiser Friedrich Barbarossa. Heute würde man sagen, sie nutzte ein großes, einflussreiches Netzwerk offensiv für ihre Arbeit. Ihre adlige Abstammung und die daraus resultierenden Möglichkeiten, wie die Besetzung von Kirchenämtern mit Verwandten, setzte sie klug ein –

für den Dienst am Leben und zum Vorteil für lebens-spendende Visionen und Ideen.

Führung und Einflussnahme waren bei ihr immer verbunden mit dem Dienst an Gott und Mensch. In diesem Sinne gestaltete sie aktiv die gesellschaftspolitische und kirchliche Entwicklung ihrer Zeit mit. Die Fundamente ihrer Spiritualität bildeten die Regeln des heiligen Benedikt. Deren Säulen sind geistliche Ausgeglichenheit und eine maßvolle Askese; Gehorsam, Schweigen und Demut spielen gleichermaßen eine Rolle. Mäßigkeit und Gottesliebe und alles daraus folgende Handeln und Tun – spannende Begriffe, die heute etwas altbacken daherkommen, aber von ihrem gesundheitsfördernden Gehalt für Körper und Geist durchaus modern sind. Alles in Maßen genossen macht weder dick noch alt noch hinfällig!

»Ora et labora et lege« – »bete, arbeite, lies« ist eines der bekannten Motive des benediktinischen Lebens. Grundsätzlich ging es dem Ordensgründer Benedikt von Nursia im Leben um den Weg zur Heiligkeit im Sinne von »heil, ganz und eins sein mit allem«.

Mich überzeugt, dass man besser nicht gegen seine eigene Bestimmung und Einsichten leben sollte. Die Gefahr, ansonsten an Körper, Seele oder Geist zu erkranken, ist groß. Erst das Leben in der eigenen Bestimmtheit macht zufrieden und schafft Balance. Das heute oft zitierte Motiv »Krankheit als Weg« und damit als Information und letztendlich Segen entdecke ich auch in Hildegards Leben.

In den Hildegard-Erzählungen gibt es Passagen, die davon berichten, dass ihr ganzes Leben von gesundheitlichen Schwankungen und Krankheiten durchzogen war, die jeweils so lange anhielten, bis sie ihren jeweiligen, durch Schau und Vision gewonnenen Berufungen wieder nachging. »Gottes Geißel warf mich aufs Krankenlager«, schreibt sie zum Beispiel an einer Stelle in ihrer Vita. »Da endlich legte ich, bezwungen durch die vielen Leiden, Hand ans Schreiben.« Daraufhin gesundete sie der Überlieferung nach und schrieb an ihren visionären Werken. Gut verstehen kann man diese Stelle, wenn man weiß, dass Hildegard Gesundheit mit »eins sein mit Gott« gleichsetzte.

Wir müssen auf unsere Seele hören, wenn wir gesund werden wollen. Letztlich sind wir hier, weil es kein Entrinnen vor uns selbst gibt. Solange der Mensch sich nicht selbst in den Augen und im Herzen seiner Mitmenschen begegnet, ist er auf der Flucht. Solange er nicht zulässt, dass seine Mitmenschen an seinem Innersten teilhaben, gibt es keine Geborgenheit. Solange er sich fürchtet, durchschaut zu werden, kann er weder sich selbst noch andere erkennen. Er wird allein sein. Alles ist mit allem verbunden.

HILDEGARD VON BINGEN

Geistig blieb Hildegard in der Zeit ihres Wirkens, unabhängig von ihrer körperlichen Verfassung, ungebrochen. Um 1150 trennte sie sich wegen der ständig wachsenden Zahl an Nonnen vom Mönchskloster Disibodenberg – und gründete auf dem Bingener Rupertsberg ein eigenes Kloster. Dorthin übersiedelte sie mit zwanzig ihrer meist adligen Mitschwestern. 1165 schloss sich eine zweite Klostergründung auf der gegenüberliegenden Seite des Rheins in Eibingen an – dort waren auch nichtadlige Schwesternanwärterinnen anzutreffen. Beiden Ordensniederlassungen stand Hildegard als Äbtissin vor. Die Klöster waren die Basis für ihr Wirken in Kirche und Welt und gleichzeitig in einer von Umbrüchen gezeichneten Epoche Orte der Orientierung für suchende und verunsicherte Menschen und sind es ja bis heute geblieben. Am 17. September 1179 starb Hildegard im Alter von einundachtzig Jahren im Kreis ihrer Schwestern im Kloster Rupertsberg. Der Prozess ihrer Heiligsprechung begann kurz nach ihrem Tod im Jahre 1228. Wegen mancher Nachlässigkeit und innerkirchlichem Kompetenzgerangel ist er jedoch zunächst gescheitert. Das gläubige Volk hatte Hildegard bereits vor und spätestens unmittelbar nach ihrem Tod als Heilige verehrt. Letztendlich heiliggesprochen und zur Kirchenlehrerin ernannt wurde sie aber erst nahezu achthundert Jahre später – durch Papst Benedikt XVI. im Jahre 2012. Das ist ein Treppenwitz. Unglaublich!

Hunderte von Kirchen und Kapellen und zahllose soziale und gemeinnützige Einrichtungen tragen ihren Namen. Es gibt Hildegard-Gemeinschaften und Kongresse in aller Welt. Konzerte mit ihren musikalischen Motiven wurden und werden auch in den großen Konzertsälen rund um den Globus wie zum Beispiel der Royal Albert Hall oder in der Pariser Notre-Dame aufgeführt. Man kann sie auf CDs und im Internet hören. In jüngster Zeit entstanden Hildegard-Musiktage und Theaterstücke sowie Musicals und der großartige Hildegard-von-Bingen-Film von Margarethe von Trotta. Neben ihrem reichhaltigen musikalischen Werk sowie ihrem poetisch-bilderreichen schriftstellerischen Schaffen haben ihre zahlreichen natur- wie auch heilkundlichen Werke mich schon seit Langem in ihren Bann gezogen.

Dies hat mit meiner Leidenschaft für Naturmedizin und mit meiner Liebe für Bäume, Pflanzen, Mineralien und für »grüne« Ernährung und kosmische Dinge zu tun. Neugierig, wie ich bin, habe ich nun mal ein Faible fürs Forschen und Entdecken. Dieses »einer Sache auf den Grund gehen wollen« kann regelrecht zur Sucht ausarten, bleibt aber trotzdem immer spannend.

So selbstbewusst wie Hildegard von Natur aus war, nahm sie dabei für sich und gegenüber der Außenwelt klugerweise stets in Anspruch, »ungelehrt« zu sein. Ihre eigentliche Autorität zog sie aus ihrer direkten Verbundenheit mit Gott und der daraus resultierenden Tugend des Gehorsams und der Demut. Dies war, wie sich später herausstellte, eine macht- und wirkungsvolle kluge Bescheidenheit, denn die Frauen der damaligen Zeit waren von der Wissenschaft ausgeschlossen. So konnte ihr keiner von den priesterlichen Herren sprichwörtliche Knüppel zwischen die Beine werfen.

Hildegard entwickelte im Blick auf Krankheiten und ihre Entstehung wie auch auf ihre Heilung ihre eigenen Ansichten. Krankheit hatte für sie – wie bereits kurz im Blick auf ihr eigenes Leben erwähnt – mit fehlendem Gleichgewicht und Einklang zu tun. Das Zusammenspiel des Körperlichen, des Seelischen, des Kosmischen und nicht zuletzt des Spirituellen war dabei ausschlaggebend. Heute wissen wir, dass bei vielen Erkrankungen psychische Gründe mitspielen. Also muss die Behandlung auch Körper, Geist und Seele umfassen. Darüber hinaus ist unser Körper der beste Heiler – wenn man auf ihn hört und ihn nicht mit Hammer-Medikamenten mundtot macht. Auch diese Erkenntnis gehört zum Grundverständnis der Hildegard-Medizin.

Gesundheits- und Heilwirkung kann auch Musik haben, das wusste Hildegard. Und so komponierte sie als Autodidaktin über siebzig liturgische Musikstücke, die ebenfalls ihrer geistlichen Schau entspringen und Widerspiegelung der Motive »Einssein«, »kosmische Harmonie und Symphonie« sind.

Auch hier wird deutlich: Harmonie ist göttlich! Was hätte diese Frau uns heute alles zu sagen! Hildegard von Bingen ist ihrem Wesen nach eine lebensbejahende, mutmachende Powerfrau von großartigem Intellekt. Sie hat die Zeichen der Zeit damals richtig erkannt und ihr Licht auf den Scheffel gestellt, ohne ihr Ego nach außen zu tragen oder ein »Ach Gott, wie bin ich heilig« zu leben. Lehre und Handeln, Glaube und alltägliches Sein stimmten bei ihr absolut überein.

Als Volksheilige war Hildegard grundlegend beschützt, nur so kann man einen derart intensiven Jahrtausend-Auftritt abliefern, wie sie es tat. Ziel ihrer Heilbehandlung war die Wiederherstellung der Balance zwischen menschlichen Körperfunktionen und kosmischen Kräften. Und wiederum: Ein Mensch könne nur gesunden, wenn er sich im Einklang mit Gott und der Natur befinde.

So ganz nebenbei verfasste sie auch rein naturkundliche Bücher, in denen sie knapp dreihundert verschiedene Bäume und Pflanzen, fünfundzwanzig Mineralien und Edelsteine und acht Metalle und ihre Eigenschaften vorstellte und analysierte. Über hundertfünfzig Tierarten fügte sie diesen Betrachtungen noch hinzu. Gerade der Bereich der Naturmedizin ist für mich eine Quelle ständig neuer Erfahrungen, wie es der Satz »In der Natur ist gegen jede Krankheit irgendein Kraut gewachsen, man muss es nur finden« so schön formuliert.

Bevor ich mich ausführlich mit Hildegard von Bingen befasste, hatte ich als Jugendliche schon jede Menge Bücher zu Kräuterthemen und Heilsteinen gesammelt. Als ich mit fünfzehn mit der schon erwähnten Meningokokken-Meningitis auf der Isolierstation eines Krankenhauses lag, bekam ich zwei lange Monate Punktionen und tägliche Schwefelspritzen – Penicillin wurde auch noch eingesetzt –, dann war der ganze Spuk vorbei. Es war ein Krankheitsverlauf mit wahnsinnigen Kopfschmerzen und einem fast gelähmten Bein.

Viel später – ich spielte die Hauptrolle im Musical »Chicago« im Theater des Westens – umarmte mich ein grippekranker Tänzer, und seine Viren taten ihr Werk. Ich war praktisch sprach- und gesangsunfähig und konnte nur mit hochdosiertem Antibiotikum die Spielzeit zu Ende bringen. Danach war ich alle vierzehn Tage krank. Mein Immunsystem war praktisch nicht mehr vorhanden. Da half nur noch der Entschluss, den Teufelskreis zu durchbrechen – weg mit der Chemie. Ganz allmählich baute sich mein Körper mit Hilfe von langsam wirkenden Pflanzenheilmitteln und der Homöopathie wieder auf. Der Mensch braucht jede Form der Medizin, aber Antibiotika immer nur im äußersten Notfall, sonst kann der Körper nicht mithelfen. Diese Form der Behandlung habe ich bis heute beibehalten und sehr gute Erfahrung damit gemacht. Unser Körper kann mehr, als wir ihm zutrauen, seit damals habe ich keine Antibiotika mehr gebraucht.

Wenn Menschen sich für das Evangelium entscheiden, wirkt das nicht immer erweiternd, sondern häufig Horizont verengend. Hildegard hat es in die Weite geführt. Was sie wohl heute zu den Dingen des Glaubens, zum Amtsklerus, zu Politik und Gesellschaft, zur Gleichberechtigung von Frau und Mann, zu Naturwissenschaft und Medizin zu sagen hätte? Vielleicht wäre sie doch ähnlich überfordert wie wir gegenüber dem drohendem Klimakollaps. Und doch würde ihre Art, sich spirituell mitzuteilen, quasi als Sprachrohr für alles Lebendige, der Menschheit heute wie damals guttun. Gelebte mutige Entscheidungen für das Wesentliche scheinen heute in unserem globalen Dasein so nötig, damit meine ich auch eine Entscheidung für die Utopie eines Weltethos, so wie es der von mir bewunderte Schweizer Priester und Theologieprofessor Hans Küng fordert.

Sehr beeindruckt hat mich auch ein Priester, der ebenfalls den Benediktinern angehört. Kurioserweise kannten ihn auch Schwester Cäcilia und die anderen Nonnen. Als ich ihr bei einem meiner Besuche von ihm und unserem Treffen begeistert erzählte, kam gleich die freudig erstaunte Reaktion von ihr: »Wie, den kennst du? Er hält einmal im Monat unseren Gottesdienst in der Abtei. Wir lieben ihn sehr.« Gemeint ist Pater Johannes Pausch, der als Prior das Europakloster Gut Aich in St. Gilgen in der Nähe des Wolfgangsees in Österreich leitet. Unter der Überschrift »Benediktiner für Europa« wollen die dort ansässigen Mönche ein Zeichen dafür setzen, dass die Vielfalt der Menschen und Völker nicht Hindernis, sondern Chance für ein erfülltes, friedliches Miteinander ist. Sie laden Menschen aller Konfessionen und Religionen Europas zum Dialog ein.

Johannes Pausch war zuerst als Pater-Lehrer in der Schule des Benediktinerklosters in Metten, als ich ihn Anfang der neunziger Jahre kennenlernte. Abseits des Unterrichts galt er als junger Heilkundiger. Das war vom Abt zwar nicht so gut gelitten, man ließ ihn aber zu der Zeit gewähren. In München habe ich durch Freunde von ihm und seinem alternativen Ansatz erfahren, auch energetische Übersteuerungen des Organismus durch Messungen in den Griff zu bekommen. Mein Mann Klaus litt derzeit zunehmend unter Magenproblemen aufgrund von arbeitstechnischen Überforderungen, die er sich ständig selbst auferlegte (ein klassischer Workaholic).

Wir machten uns auf den Weg nach Metten und erlebten einen in seiner Aufgabe engagierten Pater Pausch. Die energetische Überladung von Klaus' Organismus war kaum zu steuern, gelang aber schließlich doch. Johannes Pausch konnte helfen. Mit dem Versprechen, den Arbeitsanfall etwas zu drosseln, bekam Klaus noch ein weißes, kreideähnliches Pulver, nach dessen Einnahme sich schon wenige Tage später eine Besserung seines Magens einstellte.

Im Behandlungsraum lag ein weiß gebundenes Buch, das ich aufmerksam betrachtete. Pausch schien der Autor zu sein, der Titel machte mich neugierig: »Die Einheit leben. Geistliche Wege im Alltag«.

Dem Pater war mein Interesse nicht entgangen, und er ermunterte mich, ruhig mal reinzuschauen und das Buch auch gerne mitzunehmen, wenn ich wollte. Nach kurzem Durchblättern war ich überrascht über die verständliche Art und Weise, wie hier eine Art spirituelle Wegbegleitung für die Suche nach der eigenen Einheit angeboten wurde. Wie sich herausstellte, war dies ein kostbares, gereiftes Buch voller erfahrener Worte, unaufgeregt, undogmatisch, leicht zu lesen. Es erschien mir wie ein eigenes Gedankenuniversum. Inhaltlich ging es in einzelnen Kapiteln zum Beispiel um Freiheit und Bindung, Licht und Schatten, Lüge und Wahrheit, Reden und Schweigen. Aber auch Heilung, Sterben und Tod spielten eine Rolle. Wie kam ein so junger Mann mit damals Ende Zwanzig zu einer derart gereiften Gedankenwelt, abgeschieden im Kloster, ohne den Wind des Lebens zu spüren? Durch dieses Buch bin ich über mehr als zwanzig Jahre hinweg mit Pater Pausch in Verbindung geblieben.

Doch zunächst vergingen etwa zwei Jahre seit unserer ersten Begegnung. Dann hörten wir, wieder durch Freunde, dass Johannes Pausch in der Uniklinik in München liege. Augenabteilung. Ich musste an die schweren dicken Prismen-Gläser seiner Brille denken, die mir schon in Metten aufgefallen waren. Wir ahnten nichts Gutes. Also machten wir uns auf ins Krankenhaus, um zu schauen, wie es ihm geht. Im abgedunkelten Krankenzimmer herrschte eine ruhige Atmosphäre. Pater Pausch fragte, wer da gekommen sei. Er konnte uns nicht erkennen, denn er war erblindet. Schockiert erkundigte ich mich nach seinen Besserungsaussichten. Das wisse man nicht, sagte er leise, außerdem müsse er bald wieder zu seinen Schülern, aber das Heilen sei ihm jetzt endgültig von der Klosterleitung untersagt worden. Dieses Verbot schien mit der Erblindung einherzugehen. Gott, dachte ich, wie dumm, einen Menschen und seine Fähigkeiten so einzuschränken! Mit dem Versprechen, uns bald wieder zu melden, verabschiedeten wir uns. Drei Wochen später kam die Nachricht, Johannes

Pausch gehe es besser, er sitze auf gepackten Koffern, bereit zur Reise in Richtung eines Salzburger Klosters, wo er in jeder Hinsicht heilkundig arbeiten dürfe.

In diesem Kloster war die Begabung von Pater Pausch geradezu erwünscht, und er konnte dort wieder sehen, ganz ohne Medikamente – ein Paradebeispiel für seelische Heilung. Erblinden durch Verbote, Heilung durch Öffnung und Loslösung von Verboten – wie bei Hildegard von Bingen.

Johannes Pausch rät in seinem Buch, immer erst auf die Stimme des Herzens zu hören und ihr zu folgen statt einer reinen Wissensvermittlung. Die Bindung von Herz und Seele macht die besseren Vorschläge für das menschliche Miteinander. Eine Lüge sei der krampfhafte Versuch, geliebt zu werden, steht da auch. Alles, auch das Verkehrte, ist aus Sicht des Paters immer nur ein Aufschrei nach Liebe. Na ja, wie weit ist das dehnbar? Bis zum Verbrechen? Nach eigener Betrachtung könnte ich nachvollziehen, dass Menschen, die anderen Schwierigkeiten bereiten, Helfer, wenn nicht gar Lehrer, für den weiteren Lebensweg sein könnten. Liebe in radikaler Konsequenz braucht tiefes Vertrauen, gerade wenn es um die anspruchsvolle Feindesliebe geht. Wo soll da das Vertrauen herrühren? Dann kann es wirklich nur aus dem Glauben kommen. Von Haus aus bin ich viel zu vertrauensselig, wenn auch vielleicht nicht mehr ganz so blauäugig wie früher.

Mit Enttäuschungen meines Vertrauens kann ich nun mal besser umgehen als mit Misstrauen, weil ich in jedem

Menschen zuerst immer das Positive sehen will. Und ich baue einfach darauf, dass es für uns Menschen etwas Größeres, Unsagbares gibt, das uns hält, trägt und alles verbindet. Und sei es die in uns allen wohnende Energie und Kraft. Und Folgendes ist schon lange wahr und bekannt: Der Weg ist das große Ziel. Eins zu sein mit sich – das erreicht wahrscheinlich kein Mensch dauerhaft, es sei denn, er sitzt in den Bergen des Himalaya. Unser Leben hat immer wieder mit Brüchen zu tun. Hin und wieder taucht aber dieses »Einssein« kometenhaft auf, erfüllt für einen kurzen Moment glückhaft das eigene Leben. Man muss es nur wahrnehmen können.

9

Biumakii: »Die Frau, die weit reist im Kopf«

Es war im Frühherbst 2007. Ich hatte das Angebot, für die Canadian Tourism Commission Reiseblog-Beiträge über Kanada zu schreiben. Zielgruppe sollte die sogenannte Feel-Good-Generation sein. Wir erreichten im Laufe der Kampagne rund zwei Millionen Menschen – zu einer Zeit immerhin, in der das Wort »Influencer« noch keine Bedeutung hatte.

Bereits ein Jahr zuvor war ich für die gleiche Organisation zehn Tage in Nova Scotia, eine der Seeprovinzen Kanadas an der Atlantikküste, unterwegs. Nun sollte ich für eine weitere Woche nach British Columbia und Alberta fliegen, um dort diese Arbeit fortzusetzen. Ich hatte Kanada vor Nova Scotia noch nie bereist, und diese Aufgabe bot jenseits des Entertainments eine einzigartige Gelegenheit, das Land mit seiner überbordenden Natur kennenzulernen, und uns erwartete ein wahrer Augenrausch.

In diesem Jahr galt es British Columbia mit Vancouver Island, der größten nordamerikanischen Pazifikinsel, sowie Alberta mit einem guten Fotografen für deutsche Reiselustige zu bebildern. Ganz erstaunlich war für meinen Mann Klaus und mich die Begegnung mit den kanadischen Menschen, die uns begrüßten, als hätte man sich gestern erst von ihnen verabschiedet. Diese große offene Freundlichkeit und Hilfsbereitschaft machten den Aufenthalt für uns Kanada-Neugierige wunderbar leicht.

Unsere Reiseroute spannte sich von den Stränden des Pazifiks bis zu den Icefields der Rocky Mountains. Überwältigend waren für mich diese breiten Straßenflüsse durchs Land, wo kaum ein Auto fuhr. Hunderte von Kilometern durchquerte man diese urige Landschaft, ohne auf Menschen zu treffen – bis man im nächsten Nationalpark gelandet war. Die endlos scheinenden Highways waren von hellstämmigen Aspen-Wäldern gesäumt, deren dichtes goldgelbes Laub in der späten Nachmittagssonne so richtig zu leuchten begann. Es war ein überwältigendes Farbenmeer. Man schwebte förmlich wie durch Zauberland.

Ein unvergessliches Erlebnis dieser Reise war für mich das Beobachten der Wale im Pazifik. Von Vancouver Island ging es mit einem kleinen Schoner Richtung offenes Meer in der vagen Hoffnung, dass wir die riesigen Meeressäuger zu Gesicht bekämen. Wir hatten Glück. Nach etwa einer Stunde entdeckte der Kapitän weiter draußen im Ozean die Fontäne eines Wals. Er manövrierte das Boot so, dass wir bis auf circa fünfzig Meter an die Tiere herankamen. Es waren riesige Finnwale, etwa sechzehn bis achtzehn Meter lang. Sie waren länger als unser Boot und ließen sich von uns nicht stören. Plötzlich tauchte einer von ihnen tief unter uns hindurch und wiederholte das ein paarmal. Beim Auftauchen zeigte er uns den großen Bogen seines gewaltigen Körpers. Mühelos hätte er das Boot zum Kentern bringen können. Im Gegensatz zur menschlichen Spezies sind diese großen Tiere aber beschämend friedfertig und klug. Neugierig und verspielt, mal rechts, mal links auftauchend, mal die Schwanzflosse klatschend aufs Wasser schlagend, begleitete er uns ein Stück. An Bord herrschte ehrfürchtiges Schweigen. Für mich war ganz stark spürbar – und ich kann es aus diesem eigenen Erleben gut nachvollziehen –, welchen Respekt und welche Demut vor der Größe und Einzigartigkeit der Natur die Kanadier in sich tragen. Das macht vielleicht auch ihren Langmut und ihre große Geduld aus, die ich immer wieder während unserer Reise wahrnehmen konnte. Dieses Aufeinandertreffen mit den größten Tieren dieser Erde hat mich bis heute nicht losgelassen. Es bedeutet mir viel, dass der Wal mein schamanisches Krafttier sein soll.

Am Strand von Vancouver Island trafen wir auf einen Blackfoot-Indianer, der dort sein Kunsthandwerk verkaufte und gerade an einem aus einem Baum geschlagenen Totem arbeitete. In British Columbia können die Schwarzfuß-Indianer ungestört ihre Bräuche leben und sind mit ihren traditionellen Darbietungen ebenso touristisch eine Bereicherung. Der Blackfoot erzählte uns, dass er mit zwei weiteren Freunden dafür kämpfe, dass die bis zu fünfundsiebzig Meter hohen »Red Cedars«

– bekannt bei uns als Riesen-Lebensbäume – auf der kleinen vorgelagerten Insel Meares Island nicht gefällt werden. Es ist schon bewundernswert zu sehen, dass es immer wieder Menschen indianischen Ursprungs sind, die sich bis zur Selbstaufgabe für den Naturschutz einsetzen. Das macht Mut! Und es war ein guter Einstieg für den am nächsten Tag geplanten Museumsbesuch.

Dazu flogen wir nach Calgary in der Provinz Alberta, um dort das indianische Kulturzentrum und sein Museum zu besuchen. Flankiert von zwei konsulatszugehörigen Betreuerinnen besuchten mein Mann, der Fotograf und ich die Ausstellung indianischer Kultur und Geschichte.

Kanadas Geschichte ist ja bekanntlich untrennbar verbunden mit seinen indianischen Ureinwohnern. Diese werden in zwei Gruppen unterteilt: »First Nations« und »Inuit«. Mit »First Nations« – »erste Völker« – sind alle indianischen Volksgruppen Kanadas gemeint, die »Inuit« sind die Eskimos, die im arktischen Nordosten sowie auf Grönland leben. »First Nations« stellen gleichzeitig als Versammlung die Vertretung aller Indianer des Landes dar. Mehr als siebzig Sprachen werden von ihnen gesprochen, was die große Stammesvielfalt dokumentiert. Obwohl ich mich viel mit indianischem Leben beschäftigt habe, war mir bis dahin diese Vielfalt nicht so bewusst.

Für die meisten von uns sind Indianer einfach Indianer – vielleicht unterscheiden wir noch zwischen Apachen, Sioux, Schwarzfüßen und Irokesen, wie wir es aus Western oder den Karl-May-Büchern kennen. Als Kind interessierte ich mich für seine Bücher. Aber wie man weiß, hat er in seinem ganzen Leben nie einen einzigen Indianer getroffen. Mein Mann produzierte in den neunziger Jahren ein sechsteiliges ZDF-Doku-Spiel über Karl May. Er schrieb dafür das Buch und führte Regie.

Mit der Realität haben die Indianerphantasien natürlich herzlich wenig zu tun, und mein Zugang zu der indianischen Kultur kam auch nicht durch die Bücher von Karl May, sondern durch mein generelles Interesse an den Naturvölkern dieser Erde. Besonders ihr Verhältnis zur Schöpfung und ihr Umgang mit ihr imponieren mir. Umso wütender macht mich die Überheblichkeit des »weißen Mannes«, mit der er die Kultur dieser Urvölker missachtet und ausgelöscht hat. Und das zum Teil heute noch tut. Ich erinnere an die Yanomami in den Regenwäldern Südamerikas.

Am Eingang des Museums begrüßte uns ein freundlich lächelnder Vertreter der First Nations – ein Blackfoot-Indianer namens Cran Bear. Er sollte uns durch die gesamte Traditions- und Kulturwelt der ersten Völker Kanadas führen. Ich hatte Millionen Fragen, die er unermüdlich und geduldig beantwortete. Da ging es natürlich auch um die Behandlung der Indianer durch die weißen Zuwanderer. Unser indianischer Guide selbst hatte unter diesen einiges erlitten, sprach jedoch davon in großer Ruhe und mit einem fast kontemplativen Ausdruck im Gesicht. Auf kanadischem Gebiet wurden die

Indianer offensichtlich nicht ganz so schlimm behandelt wie in den USA, doch in den Schulen ging es rabiater zu. Man wollte den indianischen Kindern – wie ich erfuhr – buchstäblich die eigene Sprache aus dem Körper prügeln. Bei diesen unglaublichen Misshandlungen kamen manches Mal sogar Kinder zu Tode.

Cran Bears Art der Schilderung war eindrücklich, aber nicht verbittert oder vorwurfsvoll. Er hatte Ähnliches während seiner Schulzeit erlebt, später dann bei der kanadischen Navy als Funker angeheuert und sich mit dem Museum selbständig machen können. Irgendwie hatte ich den Eindruck: Cran Bear hat seinen Peinigern vergeben.

Außerdem schien ihm zu gefallen, dass mein Interesse von Raum zu Raum größer wurde. Ich halte die »First Nations« für fortschrittlicher als die meisten Menschen in unserer weißen Kultur. Sie wissen und wussten, wie man mit unserem Planeten pfleglich und ehrfürchtig umzugehen hat – und damit sind sie uns Lichtjahre voraus.

In der Geschichte der Blackfoot spiegelt sich die Selbstherrlichkeit der sogenannten Zivilisation der Weißen wider. Erste Zeugnisse von Blackfoot-Indianern gibt es bereits aus der Zeit ab 700 nach Christus. Die Blackfoot waren ein typischer Nomadenstamm, der vom Jagen und Sammeln lebte und mit seinen Tipis aus Büffelhäuten in kleinen Gruppen durch die Prärie zog. Die Zelte und deren Inhalt sowie Kleidung und Pferde waren der einzige Besitz der Blackfoot-Indianer. Eigentum an Grund und Boden war im indianischen Verständnis nicht vorgesehen. Man könne Erde, Wasser und Luft nicht besitzen. »Wenn man zu sehr an materiellen Werten hängt, ist die innere Harmonie gefährdet«, sagte Cran Bear und erzählte, wie die Geldgier und die Eigentumssucht der sogenannten weißen Eroberer alles zerstörte. »Für den weißen Menschen war und ist jede Blume, jeder Baum, jedes Tier, jede Quelle und jeder Mensch mit einem Preisschild versehen.«

Großes Staunen verursachte bei mir die Aussage, dass Indianer so leben, dass sie dabei an die Auswirkungen für die Kinder in der siebten Generation nach ihnen denken. Für sie solle durch vor- und fürsorgliches Handeln auch Platz und Raum zum Leben sein. Sieben Generationen in den eigenen Entscheidungen zu bedenken – das ist unglaubliche Nachhaltigkeit und Vorsorge! Bei uns ist ja nicht mal Zeit, an die nächste Generation zu denken, so rücksichtslos verbrauchen wir die planetaren Ressourcen und ziehen andere vom Ursprung her gesund und klug handelnde Völker mit in den Abgrund. »Denkt daran, dass nach euch auch noch viele Generationen kommen, deren Gesichter noch im Schoß der Erde verborgen sind« – welch kluger, bildhafter Appell von indianischer Seite an uns Weiße.

Durch die Ankunft der Weißen im achtzehnten und neunzehnten Jahrhundert wurde das Leben der Blackfoot empfindlich aus dem Gleichgewicht gebracht. Die Eindringlinge vertrieben die Indianer gewaltsam aus ihren Jagdgründen, nachdem sie vom »Feuerwasser«

abhängig gemacht wurden, und sperrten sie in Reservate. Kinder wurden zur Umerziehung in Internate geschickt, Zwangssterilisation von Männern und Frauen war beim Versuch der sogenannten Missionierung der »Wilden« an der Tagesordnung. Dabei könnten wir so viel von ihnen lernen, gerade heute, wo wir kurz vor dem drohenden Klimakollaps stehen. »Der Mensch hat das Netz des Lebens nicht gewebt, er ist nur ein Faden darin. Was immer er ihm antut, tut er sich selbst an.« Gegenüber der Natur ist das indianische Verhalten dankbar und demütig. Sie wissen, Mutter Erde schenkt ihnen alles, was sie zum Leben brauchen.

Wir danken unserer Mutter, der Erde, die uns ernährt. Wir danken den Flüssen und Bächen, die uns ihr Wasser geben. Wir danken den Kräutern, die uns ihre heilenden Kräfte schenken. Wir danken dem Mais und seinen Geschwistern, der Bohne und dem Kürbis, die uns am Leben erhalten. Wir danken den Büschen und Bäumen, die uns ihre Früchte spenden. Wir danken dem Wind, der die Luft bewegt und Krankheiten vertreibt. Wir danken dem Mond und den Sternen, die uns mit ihrem Licht leuchten, wenn die Sonne untergegangen ist. Wir danken unserem Großvater Hé-no (Regengeist), der uns, seine Enkelkinder, schützt und uns seinen Regen schenkt. Wir danken der Sonne, die freundlich auf die Erde herabschaut. Vor allem aber danken wir dem Großen Geist, der alle Güte in sich vereint und alles zum Wohl seiner Kinder lenkt.

INDIANISCHES GEBET

Wenn wir in unserer Kultur doch auch eine derartige Dankbarkeit und Ehrfurcht vor »Mutter Erde« und ihren Geschöpfen empfinden würden! Diese beispielhaft liebende Haltung brächte sicher in Sachen Naturschutz enorme Erfolge und würde die Erde zu einem besseren Ort für alles Lebendige machen. Was wir achten und lieben, zerstören wir bekanntlich nicht. Leben im Einklang mit der Natur ist kein primitives Völkergehabe, sondern, wie wir wissen, in unserer Zeit deutliches Gebot der Stunde.

»Jeder Teil der Erde ist unserem Volk heilig«, sagte unser Guide. Und ich hörte, dass die Heiligtümer seines Stammes Sonne und Mond, Gestirne, Elemente und lebendige Geschöpfe umfassen – und sie sich alle unter dem Schutz »des Großen Geistes« befinden.

Die Erde ist aus indianischer Sicht ein lebendiger Organismus, sie hat einen eigenständigen Körper und darin ihr Gleichgewicht. Dieses Gleichgewicht zu missachten und zu stören, hat bekanntlich Folgen. »Wir sind Teil dieser Erde, und sie ist Teil von uns.« Dem kann man nur zustimmen.

Statt aber diesen Zusammenhang zu sehen, holzen wir die Regenwälder ab und bauen Siedlungen in Vulkan- und Überflutungsgebieten. Wir betonieren und pflastern alles zu. Wir packen alles in Plastik. Wir provozieren die Abschmelzung der Pole und das Wachstum von Ozonlöchern, haben uns letztendlich die Erde sogar zum Feind gemacht und wundern uns, wenn die Natur sich einfach wieder holt, was ihr gehört. Gewaltanwendung gegenüber unserem Planeten ist Gewaltanwendung gegenüber uns selbst. Entfremdung gegenüber der Natur ist gleichzeitig auch eine Entfremdung von uns selbst, davon bin ich überzeugt.

Die Ehrfurcht vor der Natur sei ein wichtiger Bestandteil der Erziehung von Kindern, erzählte Cran Bear, wie auch die Ehrfurcht vor der eigenen Persönlichkeit. Das Kennenlernen und Verinnerlichen der Stille gehört genauso zur Persönlichkeitsbildung. Die Erfahrung der Stille beginne bei Indianern schon in den frühen Kinderjahren. Dazu schreibt Luther Standing Bear, ein Lakota-Indianer: »Wir lehrten unsere Kinder, still zu sitzen und Freude daran zu haben. Wir lehrten sie, ihre Sinne zu gebrauchen, die verschiedenen Gerüche aufzunehmen, zu schauen, obwohl es allem Anschein nach nichts zu sehen gab, und aufmerksam zu horchen, obwohl nichts zu hören war.« Schon früh beginnen Kinder so zu begreifen, dass es ringsum viel zu beobachten und viel zu erfahren gibt. »Den Begriff Leere kannten wir nicht. Nicht einmal der Himmel war leer und stumm. Überall war Leben, sichtbar und unsichtbar, und jedes Ding, jedes Wesen besaß etwas, von dem wir lernen konnten – selbst ein Stein.«

Cran Bear erklärte, dass es in seinem Volk schon immer verboten war, Kinder zu schlagen, um ihre Seelen nicht zu beschädigen. Sie waren auch kein Eigentum ihrer Eltern. Der ganze Stamm war ihre Familie, jedes Stammesmitglied ihr Verwandter. Sobald sie laufen konnten, durften sie sich frei und selbstbestimmt innerhalb ihres Stammes bewegen. So lernten sie schon sehr früh, mit und von der Natur zu leben, in ihr zu lesen und mit ihr zurechtzukommen.

»Weißt du, dass die Bäume reden« ist einer der wunderschönen poetischen Kurztexte in der indianischen Literatur – verfasst von Tatanga Mani. Er lebte von 1871 bis 1967 und gehörte zum Volk der Stoney in Kanada. Obwohl er als Kind von einem weißen Missionar adoptiert worden war und eine westliche Schulausbildung erhalten hatte, vergaß er seine Herkunft nie. Er wurde Häuptling seines Volkes in jener schwierigen Zeit, als die Indianer ihren Lebensraum verloren und mit der Zivilisation der Weißen konfrontiert wurden. »Weißt du, dass die Bäume reden? Ja, sie reden. Sie sprechen miteinander, und sie sprechen zu dir, wenn du zuhörst. Aber die weißen Menschen hören nicht zu. Sie haben es nie der Mühe wert gefunden, uns Indianer anzuhören, und ich fürchte, sie werden auch auf die anderen Stimmen in der Natur nicht hören.«

Cran Bear konnte diese Aussage nur bestätigen: »Ihr westlichen Menschen habt so wenig Zeit zum Betrachten, ihr seid immer in Eile, immer gehetzt und gejagt. Diese Rastlosigkeit macht euch doch arm«, meinte Cran Bear.

Noch auf einem anderen Gebiet eröffnet die indianische Kultur eine interessante Perspektive. So spricht man bei einigen indianischen Stämmen der Frau besseres Entscheidungsvermögen zu. Man sagt ihr angeborene Weisheit nach, den Männern dagegen das Vermögen zur Jagd und zum Kampf. So war es zum Beispiel Sitte bei den Irokesen mit ihrem kraftvollen Hang zum Matriarchat, dass nur die Frauen den Rat der Männer – also die Stammesregierung – wählen durften. Ebenso gaben sie diesen Männern auch vor, was diese dann im Stammesrat zu sagen hatten. Daneben entschieden die Indianerinnen, wer Friedenshäuptling wurde und wann die Männer in den Kampf ziehen durften.

Drei Stunden in dem indianischen Museum in Calgary waren im Nu verflogen. Die Informationen und Eindrücke waren so aufschlussreich und berührend, dass ich Cran Bear am Ende spontan umarmt habe.

Meine große Neugier und mein Interesse an allem, was ihn und sein Volk betraf, hatte ihn überrascht und so gefreut, dass er mir in die Augen sah und mich fragte, ob er mich indianisch taufen dürfe. An den Gesichtern der beiden Konsulatsfrauen erkannte ich, dass das nichts Selbstverständliches war. Leicht verwirrt stand ich da, und Cran Bear sagte, es sei nichts Dramatisches. Ich solle es einfach zulassen. Behutsam trat er hinter mich, murmelte in seiner Stammessprache einige Sätze, gab mir einen leichten Schubs nach vorne, sagte ein zuerst für mich unverständliches Wort, gab mir nochmals einen leichten Stoß, während er dieses Wort laut wiederholte: Es hörte sich an wie »Biumakii«. »Diesen Namen wirst du bis zu deinem Tod tragen.« Ich drehte mich um. »Biumakii, was bedeutet das?«, drehte ich mich zu ihn um. Er lachte und sprach: »Die Frau, die weit reist im Kopf.«

Dann zeigte er auf meine beiden Zöpfe, die ich wegen der warmen Temperaturen geflochten hatte. »You look like Pippi Longlegs.« Darüber mussten alle lachen. Und so hatte ich auf dieser Reise gleich zwei neue Namen bekommen und bin bei den Indianern sogar Astrid Lindgren begegnet.

10

Was für ein Mann!

Ich wusste ganz klar, dass der Unterdrücker ebenso frei sein muss wie der Unterdrückte. Ein Mensch, der einen anderen Menschen seiner Freiheit beraubt, ist Gefangener seines Hasses, er ist eingesperrt hinter den Gittern seiner Vorurteile und seiner Engstirnigkeit.

NELSON MANDELA

Nelson Mandela besuchte im Juni 1990 die damalige Bundeshauptstadt Bonn, nur vier Monate nach seiner Haftentlassung. Willy Brandt hatte als damaliger Präsident der Sozialistischen Internationalen einen Begrüßungsempfang für Mandela ausgerichtet, zu dem auch ich eingeladen war. Bereits am Nachmittag hatte es einen öffentlichen Auftritt vor dem Erich-Ollenhauer-Haus gegeben, vor dem sich Tausende von Menschen versammelt hatten. Mandela wurde wie ein Popstar gefeiert. Die Menschen warteten auf zwei Ansprachen, eine von Nelson Mandela, eine von Willy Brandt. Dieser Satz von Willy ist mir bis heute im Gedächtnis geblieben: »Schon der gefangen gehaltene Nelson Mandela war ein Symbol der Unerschrockenheit, der Überzeugungstreue und vor allem der Hoffnung. Der freigelassene Nelson

Mandela ist noch mehr: Er ist ein Symbol der Versöhnungsbereitschaft und des Friedens.«

Bei meinem Eintritt in das Hotel, in dem die Begrüßung stattfand, traf ich auf Oskar Lafontaine, Horst Ehmke, Egon Bahr und Björn Engholm. Auch an Herbert Grönemeyer, Wolfgang Niedecken und Klaus Lage kann ich mich erinnern. An einem Tisch mit Christina und Johannes Rau, Willy Brandt und Nelson Mandela fühlte ich mich nach der Begrüßung zunächst ein bisschen beklommen. Obwohl ich den viel Ruhe ausstrahlenden Johannes Rau an meiner linken Seite wusste, hatte ich doch etwas Herzklopfen wegen meines Tischnachbarn zur Rechten: Dieser attraktive große Mann, von dem ich so viel gelesen und noch mehr gehört hatte. Ein Mann, der aufgrund seines Kampfes gegen die Apartheidspolitik insgesamt siebenundzwanzig Jahre in südafrikanischen Gefängnissen gesessen hatte. Ein Mann, der von Amerikas Präsident Ronald Reagan und Großbritanniens Premierministerin Margret Thatcher noch wenige Jahre zuvor als Terrorist bezeichnet worden war. Ein Mann, der den Friedensnobelpreis und den Menschenrechtspreis der UNO bekommen sollte. Ein Mann, für den überall auf der Welt Solidaritätskonzerte gegeben wurden. Das größte 1988 im Londoner Wembley-Stadion vor rund achtzigtausend Menschen. Sechshundert Millionen auf der ganzen Welt verfolgten die künstlerischen Statements von Sting, Tracy Chapman, Eric Clapton, Mark Knopfler, Stevie Wonder und vielen anderen.

Neben mir saß dieser Mann, der mich mit einer unglaublich warmen Ausstrahlung freundlich anlächelte. In seinem Gesicht war keine Spur von Verbitterung wahrzunehmen, obwohl er erst wenige Monate zuvor nach jahrzehntelanger Haft entlassen worden war. Was für ein Mann! Was für ein Mensch!

Nachdem wir uns am Tisch kurz vorgestellt hatten, blieb ich erst mal ein paar Minuten still. Nicht, dass mir nichts eingefallen wäre, was ich fragen wollte. Ganz im Gegenteil: In meinem Kopf überschlug sich plötzlich alles: die Bewunderung für Mandelas lebenslangen Kampf, die Situation der Schwarzen in seinem Heimatland, die feierlich-offizielle Atmosphäre um mich herum, meine irgendwie in diesem Moment spürbare Scham, weiß zu sein und einem Volk anzugehören, das für Kolonialismus und Rassismus mitverantwortlich war und ist – auch in Südafrika. Was mit meinem Nachbarn zur Rechten reden, ohne ihm zu nahe zu treten?

Doch mein Interesse trieb mich an. Wenn ich schon Gelegenheit hatte, diesen außergewöhnlichen Menschen persönlich kennenzulernen, dann wollte ich diese Chance auch nutzen. Nachdem er ein paar Worte mit Willy Brandt gewechselt hatte und ich kurz mit Johannes und Christina Rau, schauten wir in unsere Gesichter und lächelten uns an. Natürlich war ich nicht an oberflächlichem Smalltalk interessiert. Schon seit Mandelas Freilassung aus der Haft beschäftigte mich die Frage, wie man eine so lange Zeit fast unbeschadet überstehen und noch dazu während dieser quälenden Einkerkerung diesen wunderbaren Versöhnungsgedanken entwickeln konnte, gegenüber jenen, die einen unter extrem unwürdigen Bedingungen gefangen halten. Weil man sich für eigentlich selbstverständliche Menschen- und Bürgerrechte einsetzt?

»Darf ich Sie etwas fragen?«, begann ich vorsichtig. Er schaute mich an und nickte. »Wie haben Sie all das ertragen können, was man Ihnen angetan hat?«

Er antwortete bereitwillig und ganz offen, weil er merkte, dass ich ihm ehrliches Interesse entgegenbrachte und ihm dabei nicht zu nahe treten wollte.

Nelson Rolihlahla Mandela – sein zweiter Vorname Rolihlahla bedeutet übersetzt so viel wie »Unruhestifter« – (gar nicht so unpassend) – sein britischer Name Nelson wurde ihm am ersten Schultag von seiner Grundschullehrerin gegeben – wurde 1918 in einem südafrikanischen Dorf in der Nähe von Umtata geboren. Bereits mit neun Jahren verlor er seinen Vater, und als sein Ziehvater ihn bereits in jungen Jahren verheiraten wollte, flüchtete er vor der Zwangsheirat aus der Provinz ins städtische Johannesburg. Dort lebte er zuerst in einem Township und arbeitete für kurze Zeit als Wachmann in einer Goldmine. Die Leidenschaften des attraktiven jungen Mannes waren Tanzen und Boxen. Über Freunde bekam er eine Anstellung in einem Rechtsanwaltsbüro, holte im Fernstudium seinen College-Abschluss nach und begann Jura zu studieren. So verkehrte er in intellektuellen Kreisen, in denen die Farbe der Haut nicht so wichtig war. Gleichzeitig erlebte er in Johannesburg hautnah die Apartheid. Südafrikas rassistisch-kapitalistisches System baute auf die unterdrückerische sorgfältige Überwachung der schwarzen Arbeiterbewegung. In Johannesburg begann dann auch die Zeit seines politischen Engagements. Mandela trat 1944 dem Afrikanischen Nationalkongress (ANC) bei, um dort für die Rechte der schwarzen Bevölkerung und aller in Südafrika lebenden Bevölkerungsgruppen, u. a. auch der Inder, die als Gastarbeiter in den Minen nach Johannesburg gekommen waren, einzustehen.

Die Politik des ANC war dem jungen Mandela bald zu brav, und er gründete mit einigen gleichgesinnten forscheren Mitstreitern die sogenannte Jugendliga des ANC, die sich zur Aufgabe setzte, aus dem Afrikanischen Nationalkongress eine Massenbewegung zu machen und auch Bauern, Arbeiter und Angestellte für seine Ziele zu begeistern.

Mandelas Leben veränderte sich radikal, als bei den Wahlen 1948 die rassistische Nationale Partei (NP) den Wahlsieg davontrug. Die sogenannten Apartheidsgesetze wurden eingeführt und schrieben eine strikte Rassentrennung vor. Siedlungsgebiete wurden für die schwarze Bevölkerung ausgewiesen und Umsiedlungen vorgenommen. Das ganze öffentliche Leben wurde in Schwarz und Weiß geteilt: Es gab Busse, die ausschließlich Weiße beförderten, und Toiletten, die Schwarzen zugewiesen wurden. Zudem war die infrastrukturelle Situation in den meist von Schwarzen bewohnten

Townships katastrophal, viele hatten noch nicht einmal Zugang zu Wasser und Strom.

Die Antwort des ANC ließ nicht lange auf sich warten: Boykottaufrufe zu Streiks und Aufforderungen zum zivilen Ungehorsam waren an der Tagesordnung und die Antwort auf die Repressionen der Regierung. Zu den Verfassern des Aktionsprogramms, in dem es um Staatsbürgerrechte und die gerechte Verteilung von Land für alle Südafrikaner ging, gehörte auch Nelson Mandela. Anlässlich der Feier des dreihundertsten Jahrestages der Ankunft der ersten holländischen Siedler am Kap – mit der die Landnahme der Weißen und die Unterdrückung der schwarzen Bevölkerung begann – rief der ANC zu Massenprotesten auf. Mandela war dafür zuvor durchs Land gereist, um zu einer breiten Mitwirkung aufzufordern. Er hatte inzwischen sein Jurastudium abgeschlossen und zusammen mit einem Kollegen die erste schwarze Anwaltskanzlei in Johannesburg eröffnet.

1958 heiratete Mandela die später bekannte Bürgerrechtlerin Winnie Madikizela. Winni Mandela wurde zur Stimme ihres Mannes während seiner jahrzehntelangen Haft – trotz selbst erlebter Repressalien und mehrmonatiger Inhaftierung.

1960 wurde der ANC von der weißen Staatsregierung verboten, und Mandela und seine Mitstreiter traten den Weg in den Untergrund an. Von dort aus gründete er schließlich den bewaffneten Flügel des ANC. »Wenn die Reaktion der Regierung darin besteht, mit nackter

Gewalt unseren gewaltlosen Kampf zu zermalmen, so werden wir unsere Taktik zu überdenken haben«, wird er zitiert. Nelson Mandela ließ sich in Algerien militärisch ausbilden und startete eine weitere für ihn verbotene Reise, um in Äthiopien auf einem afrikanischen Kongress um Unterstützung für den ANC zu werben. Nach seiner Rückkehr wurde er während einer brutalen Kampagne des südafrikanischen Apartheidsregimes gegen die politische Opposition am Flughafen unter Mithilfe des amerikanischen CIA verhaftet. Wegen Anstiftung zum Streik und unerlaubter Ausreise wurde er im November 1962 zunächst zu fünf Jahren Haft verurteilt.

Ein Hochverratsprozess im Jahre 1964 sollte folgen. Wegen Sabotage und Planung eines bewaffneten Kampfes verurteilte man ihn zu einer lebenslangen Haftstrafe. Noch am gleichen Tag der Verurteilung wurden Nelson Mandela und seine Freunde mit dem Flugzeug von Pretoria in das berüchtigte Hochsicherheitsgefängnis auf Robben Island vor den Toren Kapstadts verbracht. Vier verschiedene Gefängnisse hat Nelson Mandela durchlaufen. Und 10052 Tage Haft durchlitten.

Nach kurzem Nachdenken beschrieb Nelson Mandela mir sehr leise sprechend die Tage in seiner Zelle. »Kaltes Essen, kalte Duschen, kalte Winter, kalter Wind vom Meer, kalte Aufseher, kalte Zellen, kalter Trost«, so fasste ein Mitgefangener Mandelas das Leben auf der berüchtigten Gefängnisinsel zusammen. Beim Lesen von Mandelas Biographie hat mich besonders beeindruckt:

Er suchte und fand offensichtlich trotz aller Schikanen Wege, um sich in der täglichen Qual seines Kerkerdaseins einen ruhigen wachen Geist und einen gewissen inneren Frieden zu bewahren. »Seele und Körper des Menschen sind unendlich anpassungsfähig, und es ist erstaunlich, wie sehr man abgehärtet werden kann«, schrieb er in einem Brief an eine Anti-Apartheid-Aktivistin.

Die Gedanken an seine Familie und Freunde, sein Dorf und seine Kindheit waren ihm großer Trost und Aufrichtung – und die internationale Solidarität wie die von Willy Brandt hätten ihm geholfen, diese Dauerentwürdigung zu ertragen. Auch hörte er von der großen »Freiheit-für-Nelson-Mandela«-Bewegung in Deutschland und von den gigantischen Solidaritätskonzerten der Künstler. Die ebenso in Südafrika noch unerledigte Apartheidsthematik habe ihn genauso befeuert wie der in den letzten Jahren seiner Gefangenschaft aufkeimende Gedanke einer allumfassenden Freiheit für alle Völker und Menschen dieser Erde. Er sprach davon, wie er sich im Gefängnis als Anwalt auch für die Rechte seiner Mitgefangenen einsetzen konnte und ihm diese Aufgabe Sinn und Kraft gab.

Behutsam fragte ich nach: »Wie kann man Menschen, die einen so menschenverachtend peinigen und jeglicher Freiheit berauben, die Hand der Versöhnung anbieten?«

Nach leichtem Zögern kam seine Antwort: Er sei über das Beten dahin gekommen. Und er erzählte mir, wie sehr ihm in dieser endlos langen, qualvollen Zeit die Gebete geholfen haben, ihn aus Hass, Wut und Schmerz herauszuretten. Intensive Meditation verhalf ihm zur Erkenntnis, dass Wut und Hass für den, der diese Gefühle in sich trägt, ein unerträgliches Gefängnis darstellen.

Vergebung und Schuld sei für ihn ein lebenslanges Thema. Vergebung bedeute, sich von der Macht des anderen zu befreien, um sich selber auf einen anderen Weg machen zu können. Nach Schmerz, Hass und Zorn komme Vergebung und danach Versöhnung. Nur so könnten Wunden heilen. Jesus habe in seinem Leben oft vergeben, obwohl er großes Unrecht erleiden musste. Und dies gelte ganz besonders für die übelste Stunde in dessen Leben – am Kreuz. Jesus habe ihm viel Kraft und Zuversicht während der Zeit der Kerkerhaft gegeben.

Es war auch immer ein Kampf um Würde. So verloren die Häftlinge in den Gefängnissen in Südafrika ihren Namen. Sie erhielten Nummern, mit denen sie angesprochen wurden. Der erste Teil dieser Nummer bezog sich auf die Anzahl und Reihenfolge der in dem jeweiligen Jahr eingewiesenen Häftlinge. Der zweite Teil gab das jeweilige Jahr an. Nelsons Häftlingsnummer in Robben Island lautete 466/44. So wurde er zukünftig angesprochen. »Man wollte mich, auf diese Nummer reduziert, quasi als Mensch auslöschen«, erklärte er mir an diesem Abend in Bonn.

Nur alle sechs Monate durften sie in den letzten Jahren ihrer Gefangenschaft familiären Besuch empfangen und einen fünfhundert Wörter langen Brief schreiben bzw. bekommen. Nelson Mandela nutzte das Briefeschreiben als Kontakt zur Außenwelt, völlig im Klaren darüber, dass jede seiner Zeilen gelesen wurde und nicht jeder Brief seinen Adressaten auch erreichen würde.

Die Worte in seinen Briefen sind zum Mitfühlen und zum Mitweinen. Hoffnung und Liebe sind deutlich zu spüren. Seine Briefe richten sich an seine Frau Winnie, seine fünf Kinder und andere Familienangehörige sowie an politische Mitstreiterinnen und Mitstreiter. Je nach Adressat sind sie zärtlich oder kämpferisch. Allesamt zeugen sie von der unbeugsamen, klugen und geschickten Kraft des Kämpfers Nelson Mandela. Sie sind für mich ein Beweis dafür, dass Gott sei Dank die Gedanken immer noch frei sind, egal wohin man den Menschen sperrt.

Trotz der so lange am eigenen Leib erfahrenen Unterdrückung kämpft er immer wieder gegen den Hass an, auch bei sich selbst. »Ich verabscheue die weiße Vormachtstellung und werde sie mit allen zur Verfügung stehenden Waffen bekämpfen«, bemerkte er Mitte der siebziger Jahre in einem Schreiben an den Justizminister Südafrikas. »Doch selbst wenn der Konflikt zwischen Ihnen und mir die extremste Form angenommen hat, möchte ich mit Ihnen über Prinzipien und Ideale ohne persönliche Hassgefühle streiten, damit ich am Ende der Schlacht, wie immer sie ausgehen mag, Ihnen stolz die Hand schütteln kann, weil ich das Gefühl haben werde, dass ich einen aufrechten und würdigen Gegner bekämpft habe, der den kompletten Kodex von Ehre und Anstand beachtet hat. Wenn aber Ihre Untergebenen mit ihren widerlichen Methoden weitermachen, dann ist das Gefühl echter Verbitterung und echter Verachtung unausweichlich.«

Ebendieses Gefühl sollte Mandela dann aber nicht entwickeln. Ganz im Gegenteil, er brachte es im Laufe seines Lebens sogar dazu, Mut zur Versöhnung aufzubringen. Es ist für mich die erstaunlichste aller seiner Wandlungen und eine sichtbar übermenschliche Leistung, wenn ein Mensch mit großem Mut gesegnet ist. Wie couragiert sein Verhalten war, zeigt für mich die Tatsache, dass er unbeugsam im Gefängnis blieb, obwohl er mehrmals das Angebot erhielt, dieses verlassen zu können, allerdings um den Preis der Aufgabe aller seiner Ideale. Das konnte er nur ablehnen.

Verbunden mit Nelson Mandela fühlte ich mich auch durch eine meiner Lieblingssängerinnen: Miriam Makeba, »Mama Africa«, die aus den südafrikanischen Townships kam und der wegen ihres Engagements gegen das Apartheidsregime, unter anderem auch wegen einer kleinen Gesangsrolle im Anti-Apartheidsfilm »Come back Africa«, während eines Auslandsaufenthaltes der Pass eingezogen und damit die Einreise in ihr Heimatland verweigert wurde.

Sie lebte im Exil, unterstützt unter anderem von einem mir sehr lieben Kollegen aus der Friedensbewegung: Harry Belafonte. Belafonte war zeit seines Lebens Friedensaktivist und eng verbunden mit der Bürgerrechtsbewegung um Martin Luther King. Bei »Künstler für den Frieden« bin ich ihm einige Male begegnet. Makebas größter Hit war »Pata Pata« und in der Landessprache Xhosa verfasst, der Muttersprache auch von Nelson Mandela. Ihr Herz allerdings hing viel mehr an ihren Liedern, in denen es um Menschenrechte und den Kampf gegen Rassismus und Unterdrückung ging. »Ich singe nicht über Politik, ich singe die Wahrheit«, sagte sie oft bei ihren Konzerten. Durch den Sound ihrer Lieder hörte man den Schmerz der Exilantin und die Trauer über die Ungerechtigkeiten, die in ihrer Heimat passierten.

An Nelson Mandelas Blick an diesem Abend in Bonn werde ich mich immer erinnern, an diese warmen, gütigen Augen. Es fühlte sich fast an wie eine Umarmung. Sein Lächeln beim Abschied deutete an, dass ihm unser Gespräch auch Freude gemacht hatte. Ich dachte bei mir, dass von diesem hochgewachsenen schlanken Mann, mit einer nicht zu leugnenden anziehenden Ausstrahlung, so viel positive Kraft und Lebensbejahung ausging. Was für ein Mensch!

11

»Schlage die Trommel
und fürchte dich nicht«

Schlage die Trommel und fürchte dich nicht,
und küsse die Marketenderin!
Das ist die ganze Wissenschaft,
das ist der Bücher tiefster Sinn.

Trommle die Leute aus dem Schlaf,
trommle Reveille [zum Aufbruch] mit Jugendkraft,
marschiere trommelnd immer voran,
das ist die ganze Wissenschaft.

Das ist die Hegelsche Philosophie,
das ist der Bücher tiefster Sinn!
Ich hab' sie begriffen, weil ich gescheit
und weil ich ein guter Tambour bin.

HEINRICH HEINE

Ich war zwölf und er einhundertsechzig, als ich ihm
zum ersten Mal im Deutschunterricht begegnet bin.
Ein Dichter aus dem neunzehnten Jahrhundert, ein
wahrhaft klassischer Dichter der Sturm- und Drang-
zeit, der in seinen kritischen Schriften und wunderschönen Gedichten alles auszudrücken vermochte,

wofür wir uns gerade anfingen zu engagieren – für die großen Menschheitsideale: Gleichheit, Freiheit, Brüderlichkeit und Frieden. Letzteres im geteilten Berlin während der bleiernen Zeit des Kalten Krieges fast unerreichbar.

Die Rede ist von Heinrich Heine, ich habe seine Texte als jüngerer Mensch förmlich in mich aufgesogen.

Eines Tages war das »Buch der Lieder« Thema unseres Deutschunterrichts und traf bei mir und einigen Mitschülern den Nerv eines aufkommenden politischen Bewusstseins. Mit seinem unabhängigen, revolutionär-motivierenden Geist wirkte Heine auf uns in jener wichtigen, unruhigen Atmosphäre der Vor-Achtundsechziger wie ein empfindsamer, verständnisvoller Kumpel. Man konnte uns Schüler damals fast mehr auf Straßendemos antreffen als in der Schule. Von manchen Lehrern wurden unsere Weltverbesserer-Ambitionen lebhaft unterstützt. Gegenüber anderen, die mit ablehnender Haltung unsere Aktivitäten misstrauisch beäugten, lieferte uns unser »klassischer« Dichter gute Argumente. »Die Jugend ist uneigennützig im Denken und Fühlen und denkt und fühlt deshalb die Wahrheit am tiefsten und geizt nicht, wo es gilt eine kühne Teilnahme an Bekenntnis und Tat«, schreibt Heine. Er war plötzlich für uns eine literarisch-zeitgeschichtliche Galionsfigur, mit der wir punkten konnten. Gute Bildung hat eben doch Konsequenzen!

Wegen der Demos brauchten wir öfter eine Entschuldigung fürs Fernbleiben vom Schulunterricht – und die bekamen wir dann von einem der größten deutschen Dichter. Und gleichzeitig Achtung: Schon zu seinen Lebzeiten wurde Heine von Konservativen als »Verführer der Jugend« bezeichnet. Auch das könnte sich heute wiederholen. Ich, für meine Person, ließ mich von Heine jedenfalls gerne verführen. Besonders imponierte mir, dass er völlig unangepasst zwischen allen Stühlen saß, scheinbar ohne sich dabei zu verletzen, ja sogar diesen Zustand richtig zu genießen schien.

Seine Werke oder Teile davon wurden wegen ihrer geistigen Sprengkraft zu seinen Lebzeiten so manches Mal mit Leseverboten versehen. Während des Naziregimes gehörte Heinrich Heine wie auch Erich Kästner, Heinrich Mann und viele andere zu den »verbrannten Dichtern«. Doch das »tausendjährige Reich« hielt nur zwölf Jahre, und Heine ist mit seinen Werken schlechthin unsterblich. Er ist ein Dichter aller Zeiten, nicht nur seiner Zeit. Das war sein Anspruch für wahre Dichtkunst. Die Wirkung seiner Worte ist ungebrochen. Zumindest kann ich das aus meiner Erfahrung mit meinem Heine-Abend sagen.

Jede Schublade ist klarerweise für ihn zu klein. Er ist so ziemlich alles. Er ist ein Kreuz- und Querdenker. Ein Dichter der Liebe und der Rebellion. Ein ewiger Romantiker und ein romantischer Rebell. In all seinem Wirken zeigt er offene und kritische Selbstreflexion, häufig auch im Widerspruch mit seinem Ego. Aber das macht ihn zum Menschen – das verbindet mich mit ihm. Heine ist nun seit über sechzig Jahren »mein ständiger

Begleiter«. Er ist mein selbstgewähltes »Alter Ego«, mein Wahlverwandter. Ich liebe ihn.

Heines politische Themen von Freiheit über soziale Gerechtigkeit bis hin zu Frieden und Demokratie sind auch für mich die zentralen Themen, die mich umtreiben so lange ich denken kann. Auch auf der Bühne. Mit wortgewaltigem, einfühlsamem, auch satirisch-humorvollem Sprachtalent nimmt Heine gesellschaftliche, staatliche und kirchliche Verhältnisse aufs Korn. Er kann mit den Worten komödiantisch-ironisch malen, ohne dass der tiefere Sinn verlorengeht. Poesie ist für ihn »immer nur heiliges Spielzeug oder geweihtes Mittel für himmlische Zwecke«, wie er selber sagt. Seine ganze Dichtung ist durchzogen von der Suche nach dem wahren Paradies. Seine Widersacher dagegen sind Nationalisten, Moralisten, Militaristen, Ausbeuter, Zensoren, Klerikale und – Humorlose.

Auch finden sich in seinen Werken Träume, Märchen, Liebe, Schelte, Sanftmut und Naivität, dazu Bissigkeit und das kokette Spiel mit unseren heiligsten Gefühlen – ein Spiel, das dem Leser Mitte des neunzehnten Jahrhunderts fast den Atem verschlug. Dazu gesellt sich diese unglaubliche Phantasie und Neugier gegenüber allen menschlichen Belangen. Die wesentlichen Dinge klar auszusprechen und auszudiskutieren ist seine Devise. Eine Leidenschaft, die mir sehr verwandt erscheint.

Es gibt vieles mehr, was mich noch so an ihm fasziniert: sein unbestechliches Denkvermögen zum Beispiel. Vor keinen politischen, religiösen oder anderen gesellschaftlichen Karren lässt er sich spannen. Er nennt sich selbst einen »Subjektivling«, und das ist seine ureigene Art, den Kopf in die Szene hineinzuhalten, so als wolle er sagen: »Hier bin ich, ich kann nicht anders.«

Seit Mitte der siebziger Jahre stehe ich mit diesem »Wort-trommler« und seiner ganzen Bandbreite auch auf der Bühne – mit Vorliebe auf den »Bekennerbühnen« der Kleinkunst. »Schlage die Trommel und fürchte dich nicht«, habe ich den Heine-Abend überschrieben. Die Ur-Aufführung und die Präsentation des Schallplatten-albums fand 1975 in der Düsseldorfer Philipshalle statt und wurde vom WDR-Kammerorchester begleitet und live im Fernsehen und im Radio übertragen, das Ganze in Verbindung mit der Heinrich-Heine-Gesellschaft. Christian Bruhn ist der Komponist dieses Zyklus und hat die erste Präsentation dirigiert. Es war ein erstaun-licher Erfolg. Die Heine-Abende sind nicht mehr weg-zudenken aus meinem künstlerischen Schaffen. Früher war ich mit Band unterwegs, unterdessen im Duo mit meinem Pianisten Stefan Kling. Heine ist heute so ak-tuell wie zu seinen Lebzeiten, man könnte auch sagen: Heine lebt!

Heinrich Heine wird 1797 in Düsseldorf jüdisch ge-boren und katholisch erzogen. Er und seine Geschwister wachsen in einer jüdisch-aufgeklärten Tuchhändlerfa-milie auf. Es ist eine Zeit des Umbruchs, auch in Heines rheinischer Geburtsstadt Düsseldorf, die zunächst unter französischer Verwaltung steht, danach zu Bayern gehört, dann von russischen Truppen besetzt wird und schließlich 1815 zu Preußen kommt.

Heine schreibt in seinen späteren Aufzeichnungen: »Ich bin geboren zu Ende des skeptischen achtzehnten Jahrhunderts und in einer Stadt, wo zur Zeit meiner Kindheit nicht bloß die Franzosen, sondern auch der französische Geist herrschte.« Der junge Heine begeistert sich für die Ideale der Französischen Revolution. Ist doch klar! Von Napoleon und seinem Wirken in seiner fünfzehnjährigen Regierungszeit ist er fast zeitlebens ein Fan. »Napoleon war nicht von dem Holz, aus dem man Könige macht – er war von jenem Marmor, aus dem man Götter macht«, schwärmt er. Insbesondere den von Napoleon verfassten »Code civil« hält er hoch. Dieser stellt unter anderem die Juden sowie die Nichtjuden gesetzlich gleich und bildet darüber hinaus die Grundlage für unser späteres Grundgesetz. Die Errungenschaften der Französischen Revolution sind wie bekannt die Freiheit der Person, des Eigentums, die Gleichheit vor dem Recht und die Trennung von Staat und Kirche. Diese bürgerlichen Freiheits- und Gleichheitsrechte gehen 1848 – also noch zu Lebzeiten Heines – in den Grundrechtskatalog ein, der in der Frankfurter Paulskirche beschlossen wird.

Nach einer Kaufmannslehre in der Hamburger Bank seines Onkels Salomon, eröffnet Heine mit finanzieller Unterstützung seines Gönners 1818 ein eigenes Tuchwarengeschäft. Für wirtschaftliche Dinge hat er aber kein Händchen und geht damit ein Jahr nach Eröffnung wieder pleite. Heinrich Heine gibt den Versuch, in die Fußstapfen seines Vaters zu treten, auf und schreibt sich an der Universität in Bonn zum Studium der Rechtswissenschaften und der Finanzwirtschaft ein. Sein reicher Onkel versorgt ihn weiterhin großzügig mit Unterhalt. Zum pflichtgemäßen Studium des Rechts besucht er philosophische, philologische und historische Vorlesungen. »Die Geschichte der deutschen Sprache und Poesie« bei August Wilhelm Schlegel ist eine seiner Lieblingsvorlesungen und weist auf seine eigentliche Leidenschaft hin: das Schreiben. Im Jahr 1820 erscheint im »Rheinisch-Westfälischen Anzeiger« sein Aufsatz »Die Romantik«. Heine befindet sich mitten in der Sturm-und-Drang-Zeit und in verschärfter Auseinandersetzung mit gesellschaftskritischen Themen. Parallelen zu den Achtundsechzigern sind durchaus vorstellbar.

Nach zwei Semestern wechselt Heine den Studienort und geht nach Göttingen, weil ihn in Bonn »zu viele Annehmlichkeiten vom Lernen abhielten«. In Göttingen wiederum beteiligt er sich an geheimen Versammlungen der dortigen Burschenschaft. Allerdings wird er bald wegen eines Bordellbesuches – oder doch vielleicht, weil er Jude ist? – aus der Verbindung ausgeschlossen. 1821 erhält Heine wegen einer von ihm ausgesprochenen Duellforderung nach einer antisemitischen Beleidigung für ein halbes Jahr Studienverbot. Daraufhin wechselt er an die Universität in Berlin, wo er auch Vorlesungen bei Georg Wilhelm Friedrich Hegel hört. Obwohl er sich dieses Mal auf direkte Anordnung der Familie nur mit

dem Jurastudium befassen soll, wendet er sich haupt-
sächlich seiner Vorliebe, der Literatur, zu. Ein wichtiger
Treffpunkt sind in der Berliner Zeit die sogenannten literarischen Salons, die in der Regel von wohlhabenden
gebildeten Frauen oder von betuchten Mäzenen und
Vereinen unterhalten werden. Sie gelten als Talent-
schmieden und Netzwerke, und Heinrich Heine lernt
in diesen Kreisen alles, was in Berlin Rang und Namen
hat, kennen und kommt auch in Kontakt mit romantischen Schriftstellern und Philosophen.

1823 erscheint seine Sammlung »Tragödien nebst
einem lyrischen Intermezzo«, die auch das Stück »Al-
mansor« enthält. In diesem beschäftigt sich Heine mit
der islamischen Kultur im maurischen Spanien, wo Bü-
cherverbrennungen an der Tagesordnung waren. Aus
diesem Kontext stammt auch das berühmte, fast visio-
näre Heine-Zitat: »Das war ein Vorspiel nur, dort wo
man Bücher verbrennt, verbrennt man auch am Ende
Menschen.«

Doch trotz erster literarischer Erfolge bleibt Berlin
nicht sein Pflaster. Er findet die Stadt provinziell und
langweilig. Bedingt durch Mittellosigkeit, verlässt er zur
Fortsetzung seines Jurastudiums noch 1823 die Stadt.
Geld bekommt er dafür wiederum von seinem hilfrei-
chen Onkel – unter der Bedingung, dass er sein Jurastudium in den folgenden beiden Jahren abschließen
müsse.

Dies tut er dann auch, wiederum in Göttingen. Er
lässt sich noch vor seiner Promotion nichtöffentlich

evangelisch taufen – um so eventuell bessere berufliche Chancen zu erlangen. »Ich habe nicht die Kraft, einen Bart zu tragen und mir Judenmauschel nachrufen zu lassen«, kommentiert er später diesen Schritt.

Die Poesie lässt Heine bei aller Konzentration auf Jura einfach nicht mehr los. 1824 erscheint seine Sammlung »Dreiunddreißig Gedichte«. Unter diesen auch eines seiner bekanntesten Lieder: Die »Loreley« – meiner Meinung nach viel zu oft verkitscht dargeboten. »Ich weiß nicht, was soll es bedeuten …« Vielleicht liegt diese süßlich-romantische Wahrnehmung an der Jungfrau mit den langen goldenen Haaren.

Für Heine ist die Jungfrau auf dem Felsen Synonym für Deutschland – und der Schiffer, der an Deutschland zerschellt und untergeht, ist er selbst. Darum hat mein erster Mann Christian Bruhn eine andere Vertonung komponiert, die mehr ein »Lied vom Tod« versinnbildlicht und damit sein Sehnsuchtssterben an seiner Heimat ausdrückt.

Schnell hat Heine wieder die Nase voll von langweiligen Vorlesungen und staubtrockenem Juristendeutsch. Es zieht ihn in die freie Natur – weg von der Universitätsstadt, und so startet er 1824 eine vierwöchige Wanderung durch den Harz. Das literarische Ergebnis erscheint zwei Jahre später als erste Reisebeschreibung im Hamburger Campe Verlag: die »Harzreise«, die schnell zum Publikumserfolg wird.

Mit spitzer, dichterischer Zunge entlarvt er dabei den städtischen Zeitgeist.

Schwarze Röcke, seidne Strümpfe,
Weiße, höfliche Manschetten,
Sanfte Reden, Embrassieren –
Ach, wenn sie nur Herzen hätten!
Herzen in der Brust, und Liebe,
Warme Liebe in dem Herzen

Ach, mich tötet ihr Gesinge
Von erlognen Liebesschmerzen.

Wortschöpfungen, Wortspiele und Wortwitz, gespickt mit bissiger, satirischer Zeitkritik und ironisch-sarkastischen Kommentaren – Heines vielschichtige Reisebilder gelten bis heute als Klassiker moderner Reiseliteratur. Allein schon in den Worten des Dichters zu reisen, macht unglaubliches Vergnügen. Diesen Lesetipp gebe ich gerne weiter, auch für die spätere Reiseliteratur von Heine, bei der unter anderem unser Meer, die Nordsee, eine Rolle spielt. Heine ist der erste große deutsche Dichter, bei dem die See in zahlreichen Gedichten und Prosastücken vorkommt. Bevorzugte Aufenthaltsorte sind für ihn zwecks Badekuren die Elbmündung, die damals noch englische Insel Helgoland und die Insel Norderney. Derartige Meeresurlaube sind zu seiner Zeit keine Selbstverständlichkeit – ein Großteil der damaligen Deutschen bekommt das Meer lebenslang nie zu Gesicht. »Wer kannte damals in Deutschland schon das Meer?«, schreibt er in einer späteren Aufzeichnung. »Damals schilderte man etwas der lesenden Menge völlig Unbekanntes, wenn man das Meer beschrieb, das ist immer misslich. Ich musste mich, weil ich obendrein in Versen beschrieb, an das Banalste halten.« Doch auch hier gelingt ihm ein vollkommen zeitloser Blick.

Das Meer erstrahlt im Sonnenschein,
als ob es golden wär.
Ihr Brüder, wenn ich sterbe,
versenkt mich in das Meer.

Dass Heine nicht nur romantische Wortbilder malen kann, sondern auch viel Satire und Witz in seinem literarischen Koffer hat, zeigt der folgende Text, der im Jahr 1832 erscheint und für mich ein bisschen was mit Berliner Schnauze zu tun hat.

Das Fräulein stand am Meere
Und seufzte lang und bang,
Es rührte sie so sehre
Der Sonnenuntergang.
Mein Fräulein! sein Sie munter,
Das ist ein altes Stück;

Hier vorne geht sie unter
Und kehrt von hinten zurück.

Später promoviert Heine in Göttingen zum Dr. jur. und siedelt nach Hamburg um. Seine Versuche, dort als Rechtsanwalt Fuß zu fassen, schlagen aber aufgrund seiner politischen Gesinnung und seiner jüdischen Herkunft fehl, so dass er sich als Journalist und freier Schriftsteller durchschlägt. Ein paar Monate später erscheint dann das »Buch der Lieder«, das mich als Schülerin so vom Hocker reißt. Es ist eine Gesamtausgabe seiner bis dahin veröffentlichten Lyrik und begründet schon zu Lebzeiten seine Popularität und trifft den romantischen Nerv der Zeit. Bereits zu Heines Lebzeiten werden davon dreizehn Auflagen gedruckt. Gedichte daraus werden später von Robert Schumann und Johannes Brahms vertont und werden sehr populär.

1829 zieht Heine zunächst wieder nach Berlin, wenig später nach Potsdam, um an den jeweiligen Orten nochmals den Versuch einer Niederlassung als Rechtsanwalt zu starten. Auch um eine Professur in München bewirbt er sich. Doch überall trifft er wegen seiner ausgeprägt liberalen Gesinnung und vor allen Dingen wegen seiner jüdischen Abstammung auf Ablehnung.

Offene Judenfeindlichkeit schlägt ihm unerwartet auch aus Dichterkreisen entgegen. Als die Progrome sogar von Theaterbühnen herunter ätzen, beschließt er zornig, in den jüdischen Kulturbund einzutreten, um Flagge zu zeigen. Trotz seines erfolgreich beendeten Studiums bietet sich ihm als christlich getauftem Juden keine Möglichkeit, eine juristische Tätigkeit auszuüben. Wegen dieser fehlenden Berufsaussichten und seiner Unzufriedenheit mit den politisch verkrusteten Verhältnissen in Deutschland sowie einem zunehmenden Kampf mit der staatlichen Zensur, drängt es Heinrich

Heine 1831 nach Paris ins Exil. Er entsagt seinem Heimatland wegen »persönlicher Qualen« wie der des »nie abzuwaschenden Juden«. Ein weiterer Grund für sein Umsiedeln ist die in Frankreich 1830 erfolgte Julirevolution. So schlecht hat er es mit Paris nicht getroffen, er befindet sich in relativ komfortabler Fürsorge, zwei Frauen umsorgen ihn: eine für die Küche und eine fürs Bett.

Im Pariser Exil beginnt für Heine seine zweite intensive, schriftstellerische Schaffensperiode, aber auch ein langer gesundheitlicher Leidensweg. Kreativ sprudelt es nur so aus ihm heraus – er schreibt, und schreibt und schreibt. Und ich denke, seine wahre Geliebte und sein Trost ist und bleibt seine Dichtkunst.

In der französischen Hauptstadt lebt er dann auch bis zu seinem Tod – nachdem er vorher fast acht Jahre bettlägerig ist. Er hat Schmerzen in allen Gliedmaßen, und kein Arzt kann eine konkrete Diagnose stellen. Diese Zeit nennt er seine »Matratzengruft«. Und das lässt seinen großen, überlebensnotwendigen Humor erkennen, der ihn buchstäblich über jene schwierige Schmerzenszeit hinweggerettet hat.

Und als ich euch meine Schmerzen geklagt,
da habt ihr gegähnt und nichts gesagt;
doch als ich sie zierlich in Verse gebracht,
da habt ihr mir große Elogen gemacht.

Abgesehen von zwei Reisen nach Deutschland, um seine Mutter und seinen Verleger Julius Campe im Jahre 1843 zu besuchen sowie an der Beerdigung seines Onkels Salomon im Jahre 1844 teilzunehmen, hat er Frankreich nie mehr verlassen. Bei diesen Reisen hat er buchstäblich die preußische Polizei im Nacken. Die in Paris von ihm verfassten Werke wie »Französische Zustände« – in denen natürlich auch die »deutschen Zustände« eine Rolle spielen – sind der deutschen Obrigkeit ein Dorn im Auge und werden nach und nach verboten. 1844 wird gar ein Grenzhaftbefehl gegen ihn erlassen. »Verächter des Vaterlands«, »parteiischer Freund der Franzosen« oder »oberflächlicher, wurzelloser Geselle« sind auf Heine gerichtete konkrete Diffamierungen von konservativen Kräften, die das Altbestehende vor jedem freiheitlich angelegten, emanzipatorischen Fortschritt bewahren wollen. Persönlichkeitsverunglimpfung und unwahre Gerüchte verbreiten ist eine Methode, deren sich intrigante Menschen damals wie heute bedienen, wenn neue, revolutionäre Gedanken die eigenen Kreise oder das gesellschaftliche Leben zu stören scheinen.

Das Gute an der Sache: Worte lassen sich nicht verhaften. Sie halten sich nicht an verordnete Obrigkeitsgrenzen. Aufrüttelnde Pamphlete werden schon immer gerne von Systemen bewacht oder gar verboten, im übelsten Falle sogar deren Urheber gefoltert, getötet oder eingesperrt. Gerade in China oder in der Türkei kann man das heutzutage über die Medien hautnah beobachten; selbst in den sogenannten freien Staaten von Amerika werden Menschenrechtler eingesperrt. Das Schicksal der Kerkerhaft bleibt Heine durch seine

Flucht ins Exil erspart. Wenngleich er sich ständig nach seiner Heimat sehnt, wie eines seiner Gedichte »In der Fremde« ausdrückt.

> *Ich hatte einst ein schönes Vaterland.*
> *Der Eichenbaum*
> *wuchs dort so hoch, die Veilchen nickten sanft –*
> *es war ein Traum.*
> *Das küßte mich auf deutsch und sprach auf deutsch*
> *(man glaubt es kaum,*
> *wie gut es klang) das Wort: »Ich liebe dich« – –*
> *es war ein Traum.*

Heine ist von seiner heillosen Liebe für sein Vater- und Mutterland beseelt. Schließlich kann ein Land nichts für seine Menschen und schon gar nicht für ihre Regierung. Nie verliert Heinrich Heine eine der schlimmsten »Veranlagungen« in der Mentalität des deutschen Volkes aus den Augen: Einen schier unausrottbaren Nationalismus und den anscheinend tief verwurzelten Hass auf alles Fremde.

> *Aber wir verstehen uns bass,*
> *Wir Germanen auf den Hass.*
> *Aus Gemütes Tiefen quillt er,*
> *Deutscher Hass! Doch riesig schwillt er,*
> *Und mit seinem Gifte füllt er*
> *Schier das Heidelberger Faß.*

Ich fürchte fast, Heines Gedichte zu diesem Thema verlieren ihre schreckliche Aktualität vielleicht nie ganz. Ganz sicher beträfen seine Texte die heutige AfD und all die rechtsnationalen ewig Gestrigen. Dazu kommen die anderen ganzen Hetzerinnen und Hetzer in unserer Zeit – besonders die Feiglinge im Internet und die Nazis auf der Straße.

Heine begreift den modernen Schriftsteller seiner Zeit als einen Menschen, der Literatur und Politik in seinem Leben und Schaffen verbindet und sich aus dem Korsett einer isolierten romantisch angelegten Gedanken- und Gefühlswelt befreit. Die Unabhängigkeit künstlerischen Schaffens und die uneingeschränkte Geistesfreiheit sind das wichtigste Gut für Heine. »Ich bin für die Autonomie der Kunst; weder der Religion noch der Politik soll sie als Magd dienen, sie ist sich selber letzter Zweck, wie die Welt selbst«, notiert er in einem seiner Theaterbriefe. Genau diese Gedanken sind auch mein Credo: Kunst muss autonom bleiben, darf sich keiner Politik und keiner Religion anbiedern oder unterwerfen. Sie lebt durch absolute Eigenständigkeit und Selbstbestimmung auf allen Ebenen. Gerade die sich politisch einmischende Kunst, egal welcher Art, ist damit gemeint.

Ich bin froh, wenn Kollegen und Kolleginnen aus Musik, Schauspiel und anderen Künsten mit ihrer Arbeit und den künstlerischen Möglichkeiten Haltung zeigen. Einige von ihnen sind in diesem Buch erwähnt. Einen weiteren möchte ich in diesem Zusammenhang ins Spiel bringen, weil er für mich ein demokratischer Dauerläufer ist. Er ist politischer Graphiker und wie Heine Jurist, und er mischt sich zeit seines Lebens ein. Immer konstruktiv. Lange Zeit war er Präsident der Akademie der Künste in Berlin – und ist ständig unterwegs in Sachen Kunst, Politik und im Bemühen um mehr Demokratie. Ich nenne ihn den »Unentwegten«. Mit ihm untrennbar verbunden ist die von ihm ins Leben gerufene Initiative »Aktion für mehr Demokratie«, bei der wir uns einmal im Jahr versammelt haben. Auch für ihn gilt: Die Kunst findet nicht im Saale statt!

Sein Name ist Klaus Staeck. Er bezieht seine Impulse aus der aktuellen politischen Szene und den darin stattfindenden jeweiligen Katastrophen. Dazu zählen seine berühmten »Plakatanschläge«. Einer davon war 1972 zur Bundestagswahl sein Motiv »Deutsche Arbeiter! Die SPD will euch eure Villen im Tessin wegnehmen«. Mit seiner Auflage von 75 000 ist es eines der bekanntesten seiner Werke. Auch sein Plakat »Sozialfall« und die Frage »Würden Sie dieser Frau ein Zimmer vermieten?« erregte große Aufmerksamkeit. Als Grundmotiv dafür hatte er Dürers Kohlezeichnung »Bildnis der Mutter« aus dem Jahre 1514 verwendet. Eine hohe journalistische Aufmerksamkeit bekam auch der sogenannte Bonner Bildersturm, bei dem aufgebrachte CDU/CSU-Abgeordnete anlässlich einer Ausstellung in Bonn Plakate von Klaus Staeck von den Wänden rissen.

Tausende von Einzelausstellungen hat der unermüdliche Klaus Staeck in all diesen Jahren beschickt. »Nichts ist erledigt«, lautet bis heute sein Motto. »Ich versuche weiter, ein Störer der bequemen Verhältnisse zu sein … Die unverschuldet Schwachen gegen den Übermut der Starken zu verteidigen, darum geht es mir nach wie vor. Wenn ich irgendwo Ungerechtigkeit wittere, will ich etwas dagegen tun.« In diesem Sinne war Heinrich Heine auch unterwegs in seiner Dichtung.

1844 kommt eines der berühmtesten Werke des deutschen Lyrikers auf den literarischen Markt. In dem mit »Neue Gedichte« betitelten Werk findet sich sein politisch-sarkastisch mit Satire gespicktes Reiseepos »Deutschland. Ein Wintermärchen« sowie eines seiner bekanntesten Gedichte »Nachtgedanken«. Letzteres ist ein Text an seine in Hamburg lebende Mutter, deren Wohnung 1842 einem großen Stadtbrand zum Opfer fällt. Wegen der ersten beiden Strophen »Denk ich an Deutschland in der Nacht, dann bin ich um den Schlaf gebracht« wird das Lied gerne als diffamierende Beschreibung Deutschlands betrachtet und taucht als geflügeltes Wort immer wieder mal im politischen Kontext auf. Das ist in jedem Fall Missbrauch und ganz gegen Heines Absicht. Er wollte mit diesem Text seiner Angst Ausdruck verleihen, dass er aufgrund seines Rauswurfes aus Deutschland vielleicht seine Mutter nie mehr wiedersehen würde. Die beiden hatten ein sehr liebevolles Verhältnis zueinander. Seine Worte klingen berührend wie eine Kindersehnsucht nach der eigenen Mutter:

Denk ich an Deutschland in der Nacht,
Dann bin ich um den Schlaf gebracht,
Ich kann nicht mehr die Augen schließen,
Und meine heißen Thränen fließen.
Die Jahre kommen und vergehn!
Seit ich die Mutter nicht gesehn,
Zwölf Jahre sind schon hingegangen;
(…)
Es wächst mein Sehnen und Verlangen.
Das Vaterland kann nie verderben
Jedoch die alte Frau könnt' sterben.

Mit »Deutschland. Ein Wintermärchen« liefert Heine in bildreicher Sprache eine radikale Abrechnung mit den politisch-gesellschaftlichen Verhältnissen in Deutschland. Gleichzeitig ist Heines Reiseepos ein Bekenntnis zur Lebensfreude, zu entlarvendem Witz und Humor. Es gilt als bewegendes und teilweise visionäres Zeugnis des Exilanten und Emigranten Heinrich Heine. Förmlich ahnt er den Untergang Preußens durch den dort herrschenden Militarismus fast voraus.

In Deutschland betrachtet man Heines »Wintermärchen« damals als Schmähwerk eines heimatlosen »Vaterlandsverräters« und während des Nationalsozialismus als Werk eines »jüdischen Nestbeschmutzers«.

In Frankreich dagegen werden Heines Arbeiten geliebt und bewundert. Er trifft sich dort mit den geistigen Eliten des Landes und pflegt freundschaftliche Kontakte zu Balzac, George Sand, Victor Hugo, Alexandre

Dumas, Alexander von Humboldt und anderen Künstlern und Intellektuellen.

In Paris lernt Heinrich Heine auch den Philosophen Karl Marx und den jungen, linksgerichteten Studenten Ferdinand Lassalle kennen. Marx verdankt Heine die Aussage »Religion ist Opium fürs Volk«. Beide, Marx und Lassalle, leben wegen ihrer politischen Haltung ebenfalls im Exil. Lassalle wertet den Kapitalismus als »organisierten Räuberzustand«. (Dem schließe ich mich voll an!) Auf die Begegnung mit den beiden Exilanten geht sicherlich ein Gedicht zurück, das Heine dem sogenannten Weberaufstand in Deutschland widmet und damit den unterjochten, missbrauchten und durch die Industrialisierung zur Arbeitslosigkeit verdammten Menschen eine Stimme gibt.

Im düstern Auge keine Träne
Sie sitzen am Webstuhl und fletschen die Zähne:
Deutschland, wir weben dein Leichentuch,
Wir weben hinein den dreifachen Fluch –
Wir weben, wir weben!

Am 17. Februar 1856 stirbt mein Jahrhundertdichter Heinrich Heine in Paris – im Geiste reich beschenkt und materiell verarmt.

Bei Heine steht der Revolutionär neben dem Liebenden, der Poet neben dem Kabarettisten, der Schwärmer neben dem Satiriker, der Wahrheitssuchende neben den Pamphletisten, der Träumer neben dem Wachrüttler.

All seine Facetten versuche ich in meinem Heine-Abend zu zeigen. Und es scheint gelungen, vertraut man der von einem Rezensenten beschriebenen Reaktion meiner Zuhörer: »Das Publikum lauschte mucksmäuschenstill den glänzenden Rezitationen, tauchte ein in Geschichten und Geschehnisse, die so glasklar vor jedem inneren Auge aufgemalt wurden. Hingerissen war man von der festen sicher geführten Stimme mit schönen Schwingungen und von der Art, diesen lehrreichen Abend eher wie einen privaten Plausch als einen Vortrag zu gestalten. ›Ich fühle mich dir verwandt‹, sagt Katja Ebstein an Heine gerichtet zum Schluss. Nein, das ist keine banale Floskel. Ja, das glaubt man ihr aufs Wort.«

Auslöser für die Produktion dieses Projektes war übrigens ein überraschender Anruf des Männermagazins »Playboy« und dessen deutschem Chefredakteur Heinz van Nouhuys 1973.

Zu diesem Zeitpunkt war ich nach meinen beiden Grand-Prix-Erfolgen 1970 und 1971 ein paar Jahre durch die Welt gereist und auf unterschiedlichsten Bühnen inklusive TV-Sendungen herumgereicht worden. Nach vier Jahren Popmusik sah ich keine richtige Herausforderung mehr für mich und suchte irgendwie nach neuen Ufern. Der »Playboy«-Anruf sollte meinem Künstlerleben dann eine wichtige neue Farbe geben. Das Magazin war ja nicht nur für seine Nackedeifotos, sondern auch für seine erstklassigen Reportagen bekannt. Zusätzlich gab der »Playboy« international in dieser Zeit zusammen mit dem Label »Decca Records« in rund dreißig Ländern einen Plattenzyklus heraus – selbstverständlich auf Vinyl. Die Deutschen wollten literarisch produzieren, und Heinrich Heine war für die erste Produktion der Dichter der Wahl. Durch meine damaligen Erfolge war ich sozusagen als Promotion-Faktor für dieses Magazin interessant. Wie elektrisiert berichtete ich zu Hause meinem damaligen Mann Christian Bruhn von diesem tollen Vorhaben. Er war sofort Feuer und Flamme, war er doch selbst ein Literaturfreak. Mit diesem Heine-Projekt begann für uns beide eine überaus kreative Produktionszeit: Für Christian die Gedichte von unserem Lieblingsklassiker Heine kongenial zu vertonen, und für mich die Dichtkunst meines Wahlverwandten seit der Schulzeit dann zu singen. Das war nun wirklich spannend! Während dieser Zeit scheiterte das »Playboy«-Projekt »Plattenzyklus Deutschland«, aber wir machten weiter. Damals war ich bei »EMI/Electrola« unter Vertrag, die auf die vorgetragene Idee folgendermaßen reagierten: »Wir machen das als Sonderproduktion.« 1976 startete dann anlässlich »120 Jahre Heine« die erste Tournee durch Deutschland. Tour-Premiere war im Renitenz-Theater in Stuttgart. Und so bin ich nun schon seit über vierzig Jahren mit Heinrich Heine unterwegs. Er war und ist ein Glücksfall für mich, das Thema Heine hat mich in diesem Beruf gehalten. Weitere literarische Unternehmungen sollten folgen – unter anderem der Brecht-Heine-Vergleich »Trommler ohne Furcht«, der für die Brecht-Preisverleihung an Robert Gernhardt und das hundertjährige Brecht-Jubiläum gedacht war.

Heine ist ein Dichter der Vergangenheit, der Gegenwart und der Zukunft. Satire auf die kleinstädtische Spieß-bürgerlichkeit und der Kampf für soziale Gerechtig-keit ist weiterhin angesagt. Ebenso der für Demokratie und gegen unreflektiertes Obrigkeitsdenken oder gegen ausufernden Nationalismus, der gerade wieder massiv durch die westliche Welt tobt. Der Kampf um Freiheit wird, so fürchte ich, wenn man die Unzulänglichkeit von uns Menschen betrachtet, immer irgendwo in der Welt geführt werden müssen. Menschlicher Fortschritt wird genauso ein Thema bleiben. Humor, Witz und Satire werden dem Menschen auch weiterhin guttun. Und leider wird uns jetzt und in Zukunft das Thema Rassismus und Antisemitismus zunehmend stärker un-ter den Nägeln brennen. Wir müssen unter Aufbietung aller Energien Überzeugungsarbeit leisten – und wenn es geht, schon früh in den Schulen Aufklärung über diesen Wahnsinn betreiben. Es kann doch nicht sein, dass wir aus dem Desaster des letzten Weltkriegs mit all den vielen Toten und dem Jahrhundertverbrechen des Holocaust nichts gelernt haben!

Ich befürchte, es wird auch heute und morgen im-mer noch verbohrte Traditionalisten und Ewiggestrige, Militaristen und Fanatiker geben. Heine wird also ge-braucht. Er hat uns ein umfassend reiches Erbe hinter-lassen, aus dem wir uns für Geist und Seele bedienen dürfen. Seine Gedanken sind frei zugänglich und er wird unter uns weiterleben.

Ich fühl' mich dir verwandt, Freund Heine. Mit der Macht des geschliffenen Wortes hast du der Heuchelei auf die Finger geklopft, hast die Grenzen gesprengt, du warst einer der ersten Europäer, warst Kosmopolit. Wer wollte auf dich verzichten? Ich jedenfalls nicht! Und wie gut sie uns heute noch tun – alle deine Lieder!

AUS DEM HEINE-PROGRAMM VON KATJA EBSTEIN

12

»Habt keine Angst!«

An dieser Stelle möchte ich über einen Mann sprechen, der mich schon in jungen Jahren besonders
interessiert hat. Er ist Italiener und gilt als einer der
ersten großen europäischen Aussteiger. Mit vierund-
zwanzig entschied er sich für einen radikalen Cut. Mutig ließ er sein altes Leben als wohlhabender Sohn hinter
sich und wechselte von einer materiell reichen Welt in
selbstgewählte Armut. Sein Leben war gleichzeitig auch
eine Art personifizierte Kapitalismuskritik. Hinsichtlich »Haben oder Sein« hat er sich für das »Sein« entschieden. Darüber hinaus war und ist er für mich einer
der ersten Naturschützer und Öko-Aktivisten – und
ein großer Freigeist und Freidenker. Diesen Menschen
bringe ich gerne mit den Worten des Schriftstellers
Werner Sprenger zusammen: »Es gibt einen Weg, den
keiner geht, wenn Du ihn nicht gehst. Wege entstehen,
indem wir sie gehen.«

Sein Lebensmodell besitzt beste geistige individuelle
und kollektive Impulskraft. Ich denke, er war seiner
Zeit weit voraus. Doch leider wurden die Provokationen
dieses Mannes irgendwie weggesperrt und seine Tier-
und Naturliebe romantisiert. Das mag auch daran lie-

gen, dass man diesen Menschen schon unmittelbar nach seinem Tod zum Heiligen erklärt hat. Dies erscheint mir im Sinne von »heil und ganz im Wesen« auch richtig. Allerdings meine ich, dass man ihn durch diese kirchliche Heiligsprechung auch aus dem Leben entfernt, auf einen Sockel erhoben und in die abgehobene Bewunderung gestellt hat – in eine Art von »Nicht von dieser Welt«-Verehrung. So, als wäre der »Normalsterbliche« zu ähnlichem Tun in keinem Fall fähig. Man hat ihn zahm, nett und vonseiten der amtlichen Kirche aus griffig und systemungefährlich gemacht. Was sicherlich nie im Sinne dieses Mannes gewesen sein kann.

Sie werden ahnen, wen ich meine: Franz von Assisi.

Er ist für mich ein ganz besonderer Mensch und einer meiner Lieblingsheiligen – wegen seiner Menschlichkeit, seiner gelebten Spiritualität, überhaupt seines gesamten aufregenden Lebensentwurfs. Schon früh bin ich als Jugendliche mit seinem Wesen in Berührung gekommen – durch Bücher und Gespräche mit der schon erwähnten Vikarin unserer evangelischen Gemeinde kurz vor meiner Konfirmation – und später dann auf eine andere Weise durch Pater Slavko, einen Franziskaner, den ich auf einer Pilgerreise nach Medjurgorje kennengelernt habe.

Medjurgorje ist ein römisch-katholischer, international bekannter Wallfahrtsort im heutigen Bosnien-Herzegowina, etwa dreißig Kilometer von Mostar entfernt. Seit den Berichten über die Marienerscheinungen vor sechs Kindern in den achtziger Jahren pilgern Millionen von Menschen in diesen kleinen Ort. Phänomene dieser Art interessieren mich schon immer. Das war der Grund, weshalb ich mit einer langjährigen Freundin in den neunziger Jahren circa zwei Wochen vor Ausbruch des ersten Jugoslawien-Krieges nach Medjurgorje gefahren bin.

Wir starteten in München und erreichten über Salzburg, Ljubljana, Banja Luka und Mostar nach sechzehn Stunden Medjurgorje – mit einer Unzahl an Baustellenumleitungen und über vierhundert Kilometer Landstraße im allererbärmlichsten Zustand. Wir hatten förmlich das Gefühl, dass man uns zurückschicken wollte nach Deutschland. Man nennt dies die sogenannte Pilgerbehinderung – durch wen oder was auch immer. Normalerweise schafft man die Strecke per Auto in zehn Stunden. Aber ich hatte mich nachts, während meine Begleiterin schlief, im Dunkeln mangels fehlender Hinweisschilder zusätzlich noch total verfahren. Lediglich in Mostar gab es ein klitzekleines kaum lesbares »Medjurgorje«-Schild. Beim Durchfahren konnten wir Mostar noch in seinem ursprünglichen Zustand erleben – mit all seinen historischen Brücken, über die wir fahren mussten. Der städtische Friedhof lag erhöht, durch eine schwache Straßenbeleuchtung waren Kreuze, muslimische Symbole und teilweise auch jüdisch anmutende Gräber zu sehen. Vom kurz bevorstehenden Krieg lag für uns nichts Spürbares in der Luft, wir wunderten uns nur über die vielen und von uns immer wieder zu überholenden Militärjeep-Kolonnen.

Nach dieser nächtlichen Exkursion und dreistündigem Schlaf begrüßte uns Pater Slavko am Eingang seiner großen, doppeltürmigen Kirche. Der Pater war ein asketischer hoch engagierter Priester und ein praktischer dazu. Unter seiner braunen Mönchskutte trug er wie all die anderen Mönche dort Shorts – es war heißer Sommer in Medjurgorje. Immer schon morgens gegen sieben Uhr war er der Erste, der zu Gebet und Gespräch mit den Besuchern in der Kirche zu finden war, und um ein Uhr nachts der Letzte, der nach dem Auflesen weggeworfener Papiere mittels eines stabähnlichen Papierpickers die Kirche verließ. Ihm war der ganze Trubel in Medjurgorje manches Mal »etwas zu viel Maria und zu wenig Jesus«, wie er sagte. Das war für mich verständlich, stand Franziskus, dessen Orden Pater Slavko ja angehörte, doch unmittelbar in der Jesus-Nachfolge.

Die Begegnung und die intensiven Gespräche mit Pater Slavko waren der Auslöser dafür, dass ich mich nach meiner Rückkehr wieder verstärkt auf meinen Lieblingsheiligen gestürzt habe. Nach vier Tagen fuhren wir von Medjurgorje wieder zurück nach Deutschland – in zehn Stunden. Einige Tage später sollte in Jugoslawien dann dieser schreckliche Bürgerkrieg ausbrechen. Nach Kriegsende fuhr ich nochmal nach Medjurgorje. Im Mittelpunkt der Reise stand da die Übergabe einer Spende aus dem Erlös eines CD-Projektes für das nach dem Krieg von Pater Slavko gegründete Friedensdorf. Er baute dieses für die Kriegswaisen aus dem jugoslawischen Bürgerkrieg. Gemeinsam mit der »Künstler für Christus«-Initiatorin Inge Brück hatte ich eine CD mit Pilgerliedern in sechs verschiedenen Sprachen von Kroatisch bis Italienisch produziert, die dann in den Wallfahrtsläden verkauft wurde.

Doch nun zu meinem Lieblingsheiligen: Zur Geschichte von Franziskus gibt es einiges zu erzählen, manches davon ist historisch belegt, anderes entstammt der Legende. Franziskus wurde 1182 – manche Quellen sagen auch 1181 – im umbrischen Assisi in eine wohlhabende Kaufmannsfamilie hineingeboren. Seine Mutter war eine Französin mit dem Namen Pica. Sein Vater Pietro di Bernadone war Tuchhändler. Der eigentliche Taufname von Franziskus lautete Giovanni (Johannes) Battista Bernardone, sein von den Eltern geprägter Rufname war jedoch »Francesco«.

Francesco besuchte eine Pfarrschule in Assisi, lernte Französisch und Latein, wurde in Rechnen, Lesen und Schreiben unterrichtet. Das Lehrbuch für das Lesenlernen war dabei in erster Linie die Bibel. Mit dieser Grundbildung versehen, sollte er später in die Fußstapfen seines Vaters treten und das elterliche Business übernehmen. Im Blick auf seine Jugend sagt man Franziskus ein ausschweifendes Leben nach – auch dank des Geldes von Mama und Papa.

Francescos Traum war es, Ritter zu werden. Er schloss sich einer sogenannten erobernden Ritterschaft an und zog zusammen mit anderen jungen Männern seiner Heimatstadt stolz in den Krieg gegen die Nachbarstadt Perugia. Statt jedoch »Ruhm und Ehre« zu erlangen, geriet Francesco in Gefangenschaft, und erst nach einem Jahr Kerkerhaft konnte er von seinem Vater freigekauft werden. Trotz dieser schlimmen Erfahrung zog es Francesco wenig später nochmals nach Apulien zu einem päpstlichen Kriegszug gegen die Staufer. Unterwegs zu den papsttreuen Rittern hatte er der Legende nach im Traum eine Vision, die ihn vom Soldatenleben Abschied nehmen und nach Assisi zurückkehren ließ. Inhalt der Vision war sinngemäß der Ruf, sich statt in den Dienst des weltlichen Rittertums in den Dienst Gottes zu stellen. Eine Kehrtwende war angesagt.

Nach seiner Rückkehr nach Assisi kam ihm sein früheres Leben fremd und inhaltsleer vor. Er hatte auf einmal einen Blick für das Leid anderer Menschen, insbesondere das der Aussätzigen in Assisi. Er pflegte Leprakranke, die er vorher gemieden hatte, wusch sie und verband ihre Wunden.

Franziskus galt immer mehr als Sonderling. Während seine reichen und adeligen Freunde das Leid der Armen und Aussätzigen als Störung des gesellschaftlichen Lebens ansahen, zog er sich immer mehr in die Stille und ins Gebet zurück. Dies konnte ich schon in jungen Jahren gut nachempfinden: Je lauter die Welt ist, desto mehr braucht es den Raum der Stille, um bei sich zu bleiben oder wieder zu sich zu kommen. Heute weiß ich: Stille-, Schweige- und Meditationszeiten sind die unabdingbare Möglichkeit für Durchbruchserfahrungen und Regeneration des Geistes. Ich wünsche jedem Menschen, dass er sich diese Zeiten ab und zu gönnt.

Franziskus hat sie gesucht. Offensichtlich begann nun bei ihm ein aufwühlender Prozess des Fragens und Sinnsuchens. Am Ende dieses Prozesses sollte alles »verrückt« sein. Er selbst verrückte folgerichtig gleichfalls seinen Platz in der Gesellschaft.

Franziskus verkaufte sein ritterliches Pferd und vernachlässigte immer mehr seine Aufgaben im elterlichen Unternehmen. Einige Male verschenkte er der Legende nach teure Stoffe an Arme und Bedürftige oder verkaufte sie für die Instandsetzung einer kleinen Kirche mit dem Namen San Damiano. Bei einem Gebet dort soll Franziskus eine Stimme vom Kreuz herab vernommen haben, die ihm die Weisung gab, »Gottes Haus« wiederaufzubauen. In der Folge des Ereignisses wurde ihm dann der Wiederaufbau dreier kleiner Kapellen zugeschrieben: San Damiano, San Pietro della Spina und Santa Maria degli Angeli. Sie alle liegen in und um Assisi.

Das Leben seines Sohnes forderte letztendlich den Zorn seines Vaters heraus. Doch weder Drohungen noch Strafen halfen. Franziskus wollte und konnte die Erwartungen seiner Eltern nicht erfüllen. Zu seiner Mutter verspürte er Nähe – zum patriarchisch aufgelegten Vater eher nicht.

1207 kam es schließlich zum endgültigen Bruch mit seinem Patriarchen, der vor dem Richterstuhl des örtlichen Bischofs eine Gerichtsverhandlung gegen seinen

Sohn führte. Vor den Augen des Bischofs und des Volkes von Assisi zog Franziskus der Legende nach symbolisch seine Kleider aus und gab sie seinem Vater zurück. Er verzichtete mit dieser Geste auf sein Erbe. »Weder Geld noch Kleider will ich von dir, von jetzt an nenne ich nur noch einen meinen Vater, den im Himmel!«

Ein Tipp für Reisende: In Assisi steht in der Innenstadt eine lebensgroße Bronzefigur, die an diese denkwürdige Szene erinnert. Sie zeigt die Eltern von Franziskus. Seine Mutter hält eine zerbrochene eiserne Kette in der Hand, sein Vater die Kleidung seines Sohnes. Wie es den beiden Eltern wohl danach erging? Ob sie daraus für sich eine Erkenntnis gewonnen haben?

Auf jeden Fall begann nun für den reichen Kaufmannssohn ein neues Leben: Er bekleidete sich mit einem einfachen Gewand aus brauner Wolle und zog sich in einsame Höhlen und abgelegene, zerfallene Kapellen zurück. Seine Begleiterin war von nun an: die selbst gewählte Armut.

Die Legende berichtet, wie in einer kleinen Kapelle mit Namen »Portiuncula« von einem Priester das Evangelium von der eigentumsbefreiten Aussendung der Jünger gelesen wurde. Für den zufällig anwesenden Franziskus war dies das auslösende Ereignis, ab sofort unter die Leute zu gehen und zu predigen – wenn möglich barfuß und mit wörtlich genommener Bibel. Mit Jesus und seinen Worten in einer direkten »auf Du und Du«-Beziehung zu leben, war sein Ziel.

Bald gesellten sich die ersten Gefährten zu Franziskus. Unter ihnen befanden sich ein gewisser Bernardo di Quintavalle, ein reicher Adliger, und Petro Catanii, ein Rechtsgelehrter, beide aus Assisi. Durch sie entstand die sogenannte Dreigefährtenlegende. Sie besagt, dass Franziskus und seine Gefährten durch dreimaliges zufälliges Aufschlagen der Bibel nach ihrem Auftrag in der Welt fragten. »Bibellos« nannte man das – es war und ist eine teilweise bis heute populäre Form der Bibelbefragung, um Antworten auf Lebensfragen zu finden. Ihr zukünftiges gemeinsames Lebensprogramm sei so aus den drei gefundenen Jesusworten entstanden:

1. *»Wenn du vollkommen sein willst, geh, verkauf deinen Besitz und gib ihn den Armen; und du wirst einen Schatz im Himmel haben; und komm, folge mir nach! (Mt 19,21)«*
2. *»Nehmt nichts mit auf den Weg, keinen Wanderstab und keine Vorratstasche, kein Brot, kein Geld und kein zweites Hemd. (Lk 9,3)«*
3. *»Wenn einer hinter mir hergehen will, verleugne er sich selbst, nehme täglich sein Kreuz auf sich und folge mir nach. (Lk 9,23)«*

Kurz gesagt: Verkaufe alles, was du hast, nimm nichts Weiteres mit auf den Weg als das nackte Leben, und stelle dich dem Thema Leid. Als Geschenk bekommst du dafür den Himmel. Mit dem Blick von heute würde ich sagen: Ganz schön heftige Ansprüche an eine Wandlung! Und dann auch noch Leid und Kreuz. Krass!

Was braucht es für eine Standfestigkeit in Glauben und Geist, das alles durchzuhalten.

Das Kreuz der Auferstehung in sich aufzunehmen und die ganze Wirklichkeit zu sehen, in die eigenen und gesellschaftlichen Schatten zu blicken, war aber offensichtlich keine Last für Franziskus, sondern eine Aufgabe mit Freude und Sinn. Er hat in seiner Art, Christ zu sein und Christusnachfolge zu leben, nicht darauf gepocht, dass sich die anderen verändern. Er veränderte und verwandelte sich. Selbst die Veränderung zu sein ist etwas, das man auch im alltäglichen Leben trainieren kann. Andere für Missstände und Unbill verantwortlich zu machen, geht natürlich auch.

Die »minderen Brüder«, wie sie sich im Dienst am Nächsten nannten, zogen als Wanderprediger umher und verkündeten den Frieden und die »Frohe Botschaft Gottes« durch ihr gelebtes Leben. Aus der anfänglich spottenden und feindseligen Haltung der Menschen wurde mehr und mehr Respekt und Achtung für Franziskus und seine Mitbrüder. Im Laufe kurzer Zeit wuchs die Runde auf zwölf Männer an. Das Neue Testament war ihr Lebensmittelpunkt. Für jedes auftretende Problem wurde die Schrift befragt.

1210 unternahm Franziskus eine Wallfahrt nach Rom, um von Papst Innozenz III. höchstpersönlich die Erlaubnis zum Leben in Armut und zur Laienpredigt für »Buß- und Wanderprediger« zu erhalten. Diese Buß- und Wanderprediger wurden von der Kirche als Stand anerkannt. Nach heutiger Meinung ein kluger taktischer Schachzug von ihm. Armutsbewegungen wie zum Beispiel die Katharer oder die Waldenser lehnten die beanspruchte Deutungshoheit der Papst-Kirche in Glaubensfragen ab und wandten sich auch gegen den Prunk und den Pomp und die Korruption, die im Vatikan herrschten – und wurden daraufhin erbarmungslos in päpstlich organsierten Kreuzzügen getötet und ermordet.

Dagegen wurde die erste, einfache Ordensregel von Franziskus, die sogenannte Ur-Regel, vom Papst mündlich gebilligt. Der Papst gab aber der Erzählung nach zu bedenken, dass die Armutsregel doch wohl allzu rigide sei. Dies soll in etwa so geklungen haben: »Meine lieben Söhne, eure Lebensweise scheint uns allzu hart und rau; wenn wir auch glauben, ihr besitzt so große Begeisterung, dass wir euretwegen keine großen Bedenken zu haben brauchen, so müssen wir trotzdem auch an jene denken, die nach euch kommen, dass es ihnen nicht allzu rau erscheint.« Abschließende Empfehlung des Papstes war, sich lieber einem der bestehenden Orden mit ihren gemäßigteren Regeln anzuschließen und von der angedachten Praxis abzulassen. Doch die äußerliche Bewertung »allzu rau« ließ Franziskus als Befürchtung für sich und seine Brüder offensichtlich nicht gelten. »Rau« war für Franziskus und seine Gefährten durch ihre Begeisterung für ihre Lebensmodell-Idee nicht so zu spüren, als dass man sich hätte verändernd verweichlichen lassen wollen. »Rau« war die »Außensicht«, die »Innenansicht« war für sie die wesentliche.

Nach einiger Zeit überließ der Abt der Benediktiner-abtei am Berg Monte Subasio den Brüdern das Kirchlein »Santa Maria degli Angeli« unterhalb von Assisi – auch »Portiuncula« genannt. Aus diesem »kleinen Fleckchen Erde« wurde später dann das Stammkloster der Franziskaner. Noch im selben Jahr eröffnete Franziskus ein weiteres Kloster, die Einsiedelei »Le Celle« bei Cortona. Eine Wachstumsbewegung setzte ein, offensichtlich zog sein gelebtes Angebot für diesen Lebensstil immer mehr Menschen an. Etwas, das der heutigen Kirche offensichtlich fehlt. Vielleicht liegt es ja an der Glaubwürdigkeit ihres sichtbaren Lebens? Wie wäre es zum Beispiel mit einer materiell armen Kirche, in die meiner Meinung nach auch Priesterfrauen gehören?!

1212 nahm Franziskus Klara, eine junge Frau adliger Abstammung, in seine Gemeinschaft auf. Zu der damaligen Zeit gab es für Frauen nur eine Alternative zur Heirat, nämlich das Kloster. War die Frau von edler Herkunft, so heiratete sie »edel«, und wenn sie ins Kloster ging, lebte sie dort »edel«.

Klara – auf Italienisch »Chiara« – hatte die Reden von Franziskus gehört und sich ebenfalls für den Abschied aus der großbürgerlichen Gesellschaft und für den Weg in die materielle Armut entschieden. Von der Lebensweise von Franziskus war sie sehr beeindruckt. Als sie nachts heimlich ihr Elternhaus verließ, um zu den Brüdern nach Portiuncula zu gehen, hatte sie einen Schritt getan, dessen geschichtsreiche Folgen sie sicher nicht voraussehen konnte. Mutig, diese Frau in jener

Zeit. Rucksack packen und weg aus der alten Welt, hinein in eine unbekannte Zukunft.

Klara hatte sich wie Franziskus eindeutig für das Evangelium entschieden – und für die Art und Weise der Nachfolge, wie sie es bei Franziskus und seinen Brüdern sah. Franziskus schnitt ihr der Erzählung nach feierlich die Haare ab und bekleidete sie mit einem groben, einfachen Gewand. Daraufhin legte sie bei ihm die Gelübde von Armut, Keuschheit und Gehorsam ab.

Franziskus konnte für Klara zunächst eine Unterkunft bei den Benediktinerinnen finden. Im Laufe der Zeit schlossen sich weitere Frauen an, und Franziskus gründete für Klara und ihre Mitschwestern den »Zweiten Orden der Armen Frauen« als Zweig des ersten Ordens, eben seiner Bruderschaft. Die Benediktiner von St. Angelo überließen den Frauen das Kirchlein San Damiano vor den Toren Assisis, wo Klara als Äbtissin der sich rasch vermehrenden klösterlichen Gemeinschaft vorstand. Diese Gemeinschaft wurde gemäß dem Ort als »Damianitinnen«, was so viel bedeutete wie »arme Frauen bei San Damiano«, schnell in der Region bekannt. Die Schwestern sorgten in aller Freiheit und Freude für sich selbst – außerhalb bisheriger Formen weiblich-klösterlichen Lebens. Auch entzogen sie sich durch ihre materielle Armutshaltung bewusst der Kontrolle bestimmter Mechanismen. »Ich kann tun, was ich tun muss, ohne euren Schutz, euer Geld und die Kontrolle, die ihr damit ausübt«, schreibt sie in einem Brief an die Obrigkeit. Später entwickelte sich aus der Gemeinschaft der Damitianerinnen gemäß der Namensgeberin Klara der Klarissenorden.

Klara war für Franziskus zeitlebens eine wichtige spirituelle Partnerin, und kein Anhängsel in seinem Windschatten. Das Weibliche wurde nicht ausgesperrt. Dessen Qualität konnte Franziskus offensichtlich sehen, es war gewünscht, willkommen und integriert. Die beiden waren eins in ihrer Liebe für dieses Leben. Liebe bedeutete in ihrem Fall nicht einander anzuschauen, sondern auf einer gemeinsamen geistigen Grundlage zusammen in eine Richtung zu gehen. Welch bereichernder Gedanke, der vielleicht auch manchen Paaren unserer Zeit aus einer Erstarrung ihrer Beziehung helfen könnte.

Bei einem pfingstlichen Treffen in Assisi beschlossen die zölibatär lebenden Brüder dann, weitere Niederlassungen in Frankreich, Spanien und Deutschland zu gründen. Die Expansion der franziskanischen Idee begann. In wenigen Jahren wuchs sie zu einer weit verbreiteten Gemeinschaft an. Eine unglaubliche Wirkung setzte ein.

Aber nicht alle, die sich der franziskanischen Gemeinschaft angeschlossen hatten, standen auch voll und ganz hinter der von Franziskus aufgestellten Forderung nach strenger Besitzlosigkeit. Einige wünschten sich, dass sich ihr Leben nicht nur nach den Evangelien, sondern auch nach festen Ordensregeln richten solle. Aber ein Freigeist wie Franziskus brauchte und wollte derartige hierarchische Vorgaben nicht. Im Gegenteil, sie schienen ihm schädlich. Freier Grundgedanke für seine Bruderschaft war das direkte, unmittelbare

Leben in der Natur mit Gott ohne klerikale Vorschrift. Wie er in seinem Testament erwähnte, habe der »Herr ihm Brüder gegeben«. Niemand habe ihm »gezeigt, was er zu tun« hätte – Gott als seine einzige innere Instanz und von ihm anerkannte Autorität habe ihm genau dies offenbart. Doch aufgrund des zunehmenden Unmuts innerhalb seiner Anhänger kam es in Rom letztendlich zu einem Sinneswandel. Hatte die Amtskirche anfangs noch den Weg Franziskus' gebilligt, diktierte sie jetzt der Gemeinschaft feste Ordensregeln und setzte einen Kardinal als Protektor ein. Das war der Beginn einer zermürbend eingreifenden Klerikalisierung und Hier-archisierung des Franziskaner-Ordens, die von seinen Gründern nie so gewollt war.

Jene die »Volksfrömmigkeit« repräsentierenden Lai-en verloren ihre Bedeutung. Und sie waren ja eigentlich die wirklichen »Menschenfischer« im Sinne Jesus. So durften sie zum Beispiel nicht mehr predigen. Katastro-phe! Der Laie Franziskus wurde von der Amtskirche in den Status eines Diakons versetzt. Schließlich wurden vonseiten der Amtskirche die ersten Ordensprovinzen gebildet. Der franziskanische Grundgeist geriet so unter die Räder der Amtskirche und wurde von diesen total deformiert. An pfingstlichen Treffen durften ab diesem Zeitpunkt nur noch Funktionsträger teilnehmen, die einfachen Brüder waren ausgeschlossen. Somit ent-standen damals schon Zustände, die auf das allgemei-ne Glaubensleben zerrüttende Wirkung hatten. Der Klerus regiert, anstatt zuzuhören, wahrzunehmen und seelsorgerisch zu dienen – vor allen Dingen den Armen und Bedürftigen in dieser Welt. Seelsorger sein ist eine Berufung und kein Managementjob mit Karriereleiter. Das scheinen manche in der Amtskirche anders zu betrachten. Sie ziehen sich von den Straßen und Plätzen in ihre kirchlichen Gebäude zurück und reduzieren Glauben auf ebendiese Räume.

Franziskus selbst war offensichtlich von den Entwicklungen in und um seinen Orden maßlos enttäuscht und trat von der Leitung zurück. Zu diesem Zeitpunkt wanderten bereits franziskanische Ordensleute durch ganz Europa, Nordafrika und waren im »Heiligen Land« aktiv. Eine unglaubliche Entwicklung in knapp fünfzehn Jahren. »Ins Wasser fällt ein Stein … « – dieses moderne Kirchenlied fällt mir dazu ein. Nach der Abgabe der Ordensleitung zog sich Franziskus immer mehr aus der Gemeinschaft zurück und verfasste in der Einsiedelei auf Drängen der römischen Kurie zusammen mit einigen Vertrauten eine Version einer ausführlichen Ordensregel für die Franziskaner. Er sah dabei die immer stärker drohende Gefahr der Institutionalisierung und Klerikalisierung seiner Idee. Den historischen Skizzen nach wollte er seine Gemeinschaft aber auch nicht der Beliebigkeit oder der Ketzerei der damaligen Zeit und einem damit eventuell einhergehenden Vagabundentum ausliefern. Oder gar der Bekämpfung durch die katholische Inquisition. Die Ordensregeln sollten einen Schutz bilden. Somit unterwarf er sich zum Teil dem Drängen des Papstes auf ebendiese Regel und band seinen Orden zur Vermeidung von Chaos weiterhin an die römisch-katholische Kirche. Gleichzeitig beschäftigte er sich mit der Planung einer neuen Gemeinschaft von Menschen, die in der Welt und außerhalb von klösterlichen Gemeinschaften nach dem franziskanischen Ur-Motiv der unmittelbaren Botschaft Jesu leben konnten. Daraus sollte dann seine dritte Ordensgründung werden, die ebenfalls bis heute besteht. In ihr schließen sich »normale« Menschen wie du und ich zusammen und versuchen, den franziskanischen Geist in die jeweilige Lebenswirklichkeit einzubringen.

Franziskus zog sich in die Einsamkeit eines kleinen Berges namens »La Verna« zurück. In über tausend Metern Höhe und in Bergesstille gab es dort ein kleines Kloster mit einem Kirchlein. Eine Felsnische benutzte er als Einsiedelei. Während seiner Fastenzeit soll er der Überlieferung nach im Jahre 1224 stigmatisiert worden sein. Das heißt, an seinem Körper zeigten sich die Wundmale des gekreuzigten Jesus – an Händen, Füßen und an der Seite. Weiter heißt es, er habe diese jedoch nur seinem engsten Vertrauten Bruder Leo gezeigt und ansonsten verschwiegen, so dass diese für andere erst bei und nach seinem Tod bekannt wurden. Mich faszinieren derartige Phänomene, gehören sie doch zu den Dingen zwischen allen Dingen, sind noch zu erforschende Geheimnisse außerhalb menschlichen Begreifens.

Im Anschluss an »La Verna« lebte Franziskus noch einige Jahre in der von ihm als erste Niederlassung außerhalb von Assisi gegründeten Einsiedelei »Le Celle« bei Cortona. Seine Gesundheit wurde zunehmend schlechter. Er drohte zu erblinden. Fast den Tod vor Augen, dichtete er bei Klara in San Damiano noch den berühmten »Sonnengesang«, der heute aufgrund seiner dichterischen Potenz fester Bestandteil der Weltliteratur ist. In ihm kommt nochmal die feinfühlige Verbundenheit der beiden zur gesamten Schöpfung und deren ganze Heiligkeit zur Geltung. Naturmystik sage ich dazu. Diese Schöpfung war für die beiden offensichtlich die eigentliche Kathedrale Gottes, ein natürliches Kirchengebäude! In diesem Gesang spiegelt sich auch ihr Verständnis einer gleichberechtigten Schwesterlichkeit und Brüderlichkeit, eines männlichen und weiblichen Prinzips, fast schon im Sinne des asiatischen »Yin und Yang« wider.

Gelobt seist du, du großer
unendlich weiter Geist
mit all deinen Geschöpfen

Gelobt seist du
durch Bruder Sonne,
der uns den Tag schenkt, durch den du leuchtest
und allem Leben Licht spendest

Gelobt seist du
durch Schwester Mond und die Sterne
am Himmel hast du sie gebildet;
hell leuchtend, edel und schön

Gelobt seist du
durch Bruder Wind, durch Luft und Wolken
und heiteres und anderes Wetter;
in dem du bist

Gelobt seist du
durch Schwester Wasser
gar nützlich ist es
kostbar, rein und klar

Gelobt seist du
durch Bruder Feuer,
durch das du die Nacht durchleuchtest;
und schön ist es, fröhlich, kraftvoll und stark

Gelobt seist du
durch unsere Schwester, Mutter Erde,
die uns erhält und lenkt, trägt und nährt
vielfältige Früchte hervorbringt,
bunte Blumen und Kräuter

Gelobt seist du
durch unsere Schwester, den leiblichen Tod,
der Teil des Lebens ist;
durch sein Tor geht jeder Mensch

AUSZUG AUS DEM SONNENGESANG,
FREI INTERPRETIERT: UWE BAUMANN

Zur Genesung brachten seine Brüder Franziskus nach Sienna, doch er lehnte jede medizinische Hilfe ab und ließ sich in sein Ursprungskloster nach Portiuncula zurückbringen. Man erzählt sich, dass er fast nackt auf bloßem Boden liegend starb, umgeben von seinen Ordensbrüdern, die mit ihm zusammen den Sonnengesang ertönen ließen. Mit seinen engsten Gefährten habe er in froher Erwartung von »Schwester Tod« vorher noch ein gemeinsames Abendmahl gefeiert.

Seine franziskanischen Brüder bestatteten Franziskus nach seinem Wunsch vor den Toren der Stadt Assisi. Dort gab es eine Stelle, die als »Höllenhügel« bezeichnet wurde, weil an diesem Ort Diebe, Verbrecher und Prostituierte in einem Massengrab verscharrt waren. Bei ihnen, den »Allerletzen der Gesellschaft«, wollte er begraben sein. Nach Franziskus' Auffassung war Gott bei allen Leidenden zu finden. Dazu zählte er Opfer und Täter. Ein vielleicht richtiger, aber sehr anstrengender Gedanke, über den es sich lohnt nachzudenken.

Die franziskanische Bewegung ist die größte Ordensbewegung in der römisch-katholischen Kirche. Das berühmte Tauzeichen ist ihr Symbol. Franziskus selbst benutzte das Tau auch als Segenszeichen, dies malte er an Häuser, Wände und Bäume.

Doch nicht nur in der römisch-katholischen, altkatholischen, anglikanischen und evangelischen Kirche wird Franziskus verehrt. Unter den Hindus ist er der bekannteste christliche Heilige. Auch dort gab es wie im

Buddhismus Wandermönche, die in ihrem Wesen mit dem Franziskusbild fast übereinstimmten. Franziskus ist aufgrund seiner Lebensweise und der ihm ureigenen Vielfarbigkeit in seinem Wesen ganz sicher auch ein konfessions- und religionsübergreifender Brückenbauer. Er selbst suchte ganz besonders den Dialog mit der muslimischen Welt.

Die Geschichte von Franziskus ist sehr alt, und vieles ist Legende, doch immer, wenn ich sie mir anschaue, bin ich sofort mittendrin. Dabei interessiert mich nicht der Heilige, mich interessiert der Mensch. Gerade die Entschiedenheit und die Konsequenz, die er gelebt hat, zieht mich ganz einfach in den Bann. Franziskus hat sich radikal für eine neue Lebensform entschieden, weil ihm die alte sinnlos und inhaltsleer erschien: »Ich such mir meinen eigenen Himmel!« Damit ist er für mich nicht nur Aussteiger, sondern ein absoluter Rebell mit existenziellem Unabhängigkeitsdrang.

Was er fand, war nicht weniger, sondern viel mehr, denn genau besehen lebte Franziskus in hohem Anspruch an sich selbst. Welch intelligenter Weg, das eigene Sein auf das Wesentliche hin zu prüfen und, falls angesagt, konsequent alle Dinge loszulassen, die nur an der eigenen Entfaltung hindern.

Franziskus spricht vom »Privileg der vollkommenen Armut« – eine Formulierung, die übrigens von »seiner« Klara« stammte. Er wusste: Wer nichts hat, muss nichts schützen oder gegen andere verteidigen.

So hat der Weg des einfachen Lebens auch zur Folge,

dass der Mensch keinem gesellschaftlichen Status oder irgendwelchen verdrehten Erfolgsbegriffen hinterherjagen muss. Die Gier nach materiellem Gewinn kann sich gar nicht erst ausbreiten, und die Menschen haben es nicht mehr nötig, andere oder das »Fremde« gar als Konkurrenz oder Bedrohung zu erleben – wie etwa die Angst vor geflüchteten und heimatvertriebenen Menschen. Einfachheit vermittelt innere und äußere Ruhe. Das einfache Leben bringt Freiheit und Freude – abseits von beengendem Konsum- und Leistungsdenken – und schenkt dafür inneren Reichtum durch gewachsene Selbstbestimmtheit.

Für Franziskus ist die gesamte Schöpfung heilig. In ihr weiß er sich aufgehoben. Sein Glaube gründet auf Mutter Natur und dem dort sichtbaren Kreislauf des Lebens und Sterbens, des Wachsens, Werdens und Vergehens. Die Natur ist die Grundlage seines Glaubens und seiner Vorstellung von Gott.

Außerdem pflegte er ein sehr zugewandtes, geschwisterliches Verhältnis zu allen Lebensformen: »Alle Geschöpfe der Erde fühlen wie wir, alle Geschöpfe streben nach Glück wie wir. Alle Geschöpfe der Erde lieben, leiden und sterben wie wir, also sind sie uns gleichgestellte Werke des allmächtigen Schöpfers – und damit unsere Brüder.« Franziskus selbst stellte sich dabei nicht in den Mittelpunkt des Geschehens. Er verstand sich nur als kleiner Teil desselben – nur so wichtig wie jeder Käfer und jedes Blatt. Solange der Mensch noch meint, er sei Mittelpunkt des ganzen Universums und ihm alles untertan, wird sich vermutlich wenig auf diesem Planeten ändern.

Johannes Paul II. ernannte Franziskus 1979 zum Patron des Umweltschutzes und der Ökologie. Heute könnte er auch der Schutzherr von »Greenpeace«, »Slow Food« oder Naturschutzverbänden wie B. U. N. D, NABU oder landwirtschaftlich ausgerichteten Biokontrollinstanzen wie Demeter oder Bioland sein. Ich denke, er wäre wahrscheinlich aktives Mitglied bei diesen und würde an den »Fridays-for-Future«-Demonstrationen teilnehmen.

Die Biographie von Franziskus ist auch gelebte Turbo-Kapitalismus-Kritik. Geld ist heute zum Ziel nahezu jeglichen Handelns geworden. Wer oder was der Wachstumsorientierung im Wege steht, wird oft ausgegrenzt und diffamiert. Selbst positive Worte wie »Gutmensch« oder »Träumer« werden dabei verspottet, ebenso wie »Pazifist«. Damit sind dann Menschen gemeint, die sich um die Zukunft unserer Kultur und unserer Erde Sorgen machen oder gar anderen helfen, positive Veränderung herbeizuführen. Auch das große Wort »Freiheit« meint nur noch Freiheit zum Konsum. Wie verrückt!

Franziskus erlebte sein Kloster unter freiem Himmel und nie in den prächtigen Kathedralen und goldenen Kirchen dieser Welt. Wie sein Vorbild Jesus, der auch Wanderprediger war und in Kirchen auftauchte, um Pharisäer und Heuchler aus dem Gotteshaus zu werfen.

Das Christentum war für Franz von Assisi kein »System der Zugehörigkeit, sondern eine Einladung zur Verwandlung von sich und Welt«, wie es der amerikanische Franziskaner-Pater Richard Rohr so treffend beschreibt.

Manchmal gehe ich für mich zur Selbstbesinnung in die Kirche, wenn sie denn geöffnet ist. Ich denke, ich bin weltreligiös, aber der Mensch Jesus ist meine Orientierung. Jenseits bedeutet für mich Diesseits. Nach unserem Tod werden wir zu Asche und verbinden uns mit Erde oder Meer, kommen aus Staub und werden zu Staub. Daraus wächst auf jeden Fall Neues. Das Energetische geht in meinem Verständnis nie verloren. Ganz sicher gibt es im Sinne der Evolution für mich eine Fortentwicklung jeglichen Lebens. Ich finde, das klingt tröstlich.

Aus heutiger Betrachtung war Franziskus für mich auch ein Demokrat. Er lebte mit allen Menschen auf Augenhöhe. Sein erster Orden und all seine Nachgründungen national und international waren im Grunde genommen geistliche Bürgerinitiativen mit allen politischen Auswirkungen wie der bedingungslosen Solidarität mit Armen und Ausgegrenzten. Sein Leben war ein kraftvoller Beitrag zu einem gelebten Humanismus, für eine Verständigung von Kulturen, zwischen Geschlechtern und Gesellschaftsschichten und für einen friedlich-mutigen Dialog mit Andersdenkenden und Andersgläubigen. Neben all diesen Bemühungen war er für mich auch Kulturschaffender. Er hat die franziskanische Lebenskultur hervorgebracht.

Dass seine Haltungen auch viele Menschen des einundzwanzigsten Jahrhunderts ansprechen, zeigen die begeisterten Reaktionen auf die Namenswahl des heutigen Papstes, der sich ganz bewusst in Worten und Handlungen in die Tradition des Heiligen aus Assisi stellt. Bekanntlich ist er der erste Papst, der sich den Namen Franziskus ausgesucht hat. Bei Päpsten ist die Namenswahl immer auch eine Aussage, wie sie ihr Amt ausfüllen wollen – sozusagen gleichzeitig ihr »Regierungsprogramm«.

Der aktuelle Papst wirkt erfrischend auf mich und macht das meines Erachtens gut: Schlicht und einfach kommt er daher, ohne großen Pomp und Verkleidung. Ihm reicht schlichtes Weiß. Als Arbeiterpriester in Argentinien hat er ein gerütteltes Maß an Lebenserfahrung. Er wirkt unheimlich nahbar und durchdrungen von der Empathie zur eigenen Spezies. Ich denke, seine Haltung zur Rolle der Frau in der katholischen Kirche ist mehr oder weniger ein Kuriendiktat. Tja, irgendwann wird es vielleicht doch noch eine Päpstin geben.

Besonders gefallen hat mir seine symbolische Aktion der Fußwaschung bei Muslimen. Lebensnahe, tatkräftige Päpste müssen solche Zeichen in unserer Welt mit all dem Wahnsinn unserer heutigen Zeit setzen. Der heilige Franziskus, meine ich, hätte seine Freude dran.

Da fällt mir noch ein Mann ein, der mit dem Ort Assisi in enger Verbindung steht. Die Rede ist von meinem polnischen Landsmann Karol Wojtyla, später Papst Johannes Paul II. Er übernahm von 1978 an sechsundzwanzig Jahre lang als erster nichtrömischer Geistlicher die schwere Bürde des päpstlichen Amtes. Mit seinen erst achtundfünfzig Jahren war er bei seiner Wahl ein sehr junger Papst und ein durchaus männlich wirkender Mann.

»Habt keine Angst«, diese Worte Jesu, die er in seiner allerersten Predigt als Papst 1978 vor Tausenden von Menschen auf dem Petersplatz wählte, wurden so etwas wie sein Lebensmotiv. Unermüdlich hat er diese Botschaft auf seinen über zweihundert Reisen in fast jeden Winkel dieser Erde getragen. »Habt keine Angst« – welche Kraft in diesem Satz steckt!

Johannes Paul II, Gorbatschow und Lech Walesa haben entscheidend zum Fall des »Eisernen Vorhangs« beigetragen mit all den positiven Auswirkungen auf die deutsche Wiedervereinigung und sein Heimatland Polen. Sehr berührt hat mich, dass er dem Mann, der ein Attentat auf ihn verübte, später vergab und sich mit ihm versöhnte – und das, obwohl er sich nie wieder ganz von des Folgen des Angriffs erholte. Papst Johannes Paul II. hatte eine unglaublich gütige Ausstrahlung und eine sehr warmherzige, offene Haltung, und viele Menschen haben sich spontan zu ihm hingezogen gefühlt. So hat er symbolisch ganz Afrika, den ärmsten Kontinent der Welt, in seine Arme genommen – und Afrika ihn.

Er war für mich ein Jahrhundertpapst, weil er allen Menschen immer wieder Mut machen wollte: »Habt keine Angst – öffnet – ja, reißt die Tore weit auf für Christus!« Auch für uns heute, die wir mit vielen Ängsten zurechtkommen müssen, hat die Botschaft und die Lebensweise von Papst Johannes Paul II. etwas sehr Ansteckendes.

»Habt keine Angst!« – unablässig bemühte er sich in Sachen interreligiösem Dialog. Gegenüber dem jüdischen Volk bekannte er die Mitschuld der Christen am Holocaust und bat um Verzeihung und Vergebung. Seine Initiative, die Vertreter aller Religionen der Welt in Assisi zu versammeln und gemeinsam für den Frieden zu beten, hat mich begeistert. Mit von der Partie in Assisi war auch der Dalai Lama, dem er sich freundschaftlich verbunden fühlte. Das letzte Weltgebetstreffen fand 2016 statt. Papst Franziskus hat dazu in die Stadt seines Namengebers eingeladen.

13

»Wunder
gibt es immer wieder«

Auch Lieder haben Geburtstage. »Wunder gibt es immer wieder« feierte im Februar 2020 seinen fünfzigsten Geburtstag, »Theater, Theater« wurde im gleichen Jahr vierzig – Songs anscheinend ohne Verfallsdatum, sogenannte Evergreens, die vom Publikum immer noch gefeiert werden und die mit der Zeit ein Eigenleben entwickelt haben, fast schon losgelöst von mir.

»Wunder gibt es immer wieder« katapultierte mich 1970 von einem Tag auf den anderen in die Öffentlichkeit. Angefangen hatte alles eigentlich eher zufällig in einem Berliner Studio. Als Backgroundsängerin verdiente ich mir dort während der Schulzeit etwas Taschengeld. Was ich nach der Schule irgendwann mal machen wollte, war mir zu diesem Zeitpunkt völlig unklar.

Im Nachbarstudio produzierten sie Jazz mit »Klaus Doldinger's Passport« unter der Ägide von Siggi Loch. Er war auf der Suche nach neuen Talenten, weil er für das US-Label Liberty/United Artists eine Tochtergesellschaft in München gründen sollte. Die zu entdeckenden Künstler sollten möglichst dreisprachig sein. Durch unser paralleles Arbeiten in zwei Studios hörte mich Siggi immer mal wieder singen und stellte die einfache Frage, ob ich nicht Lust hätte, für die Amerikaner ein Demo zu machen, mit Klaus Doldinger am Klavier. Wir suchten in Englisch, Französisch und Spanisch ein paar Songs raus, die aus dem Repertoire von den Beatles, Dusty Springfield und Bob Dylan stammten. Die Antwort aus Los Angeles hielt Siggi wenig später in den Händen und präsentierte mir einen Anfängervertrag.

Erst als wir unter uns geklärt hatten, dass wir eine neue Farbe in der deutschen Popszene etablieren wollten, weg von Herz-Schmerz und Polka-Harmonik, hin zu einfallsreichen Texten – erst dann habe ich den Vertrag unterschrieben. Siggi Loch meinte: »Wir machen keine Musik für Menschen mit Polka-Ohren.«

Später dann mussten wir für die Promotion meinen schönen polnischen Namen »Witkiewicz« ändern, weil er sich angeblich so schwer aussprechen ließ. Es wurde vieles vorgeschlagen und wieder verworfen. Meines Erachtens musste der Name etwas mit mir zu tun haben, also war meine Straße, die Epensteinstraße in Berlin-Reinickendorf, die erste Wahl. So wurde das Zuhause meiner Familie zu meinem Namensgeber. Eine kleine Silbenveränderung machte dann aus Epenstein Ebstein.

Dieser ganze Verlauf fiel in die Anfangszeit meiner Freundschaft mit Christian Bruhn, der erst gar nicht so erbaut war, dass ich singen wollte. Christian war schließlich nicht irgendwer. Er war und ist einer der berühmtesten und erfolgreichsten Komponisten in unserem Land. Damals und in den Folgejahren schrieb er einen Hit nach dem anderen, wie »Marmor, Stein und Eisen bricht«, »Liebeskummer lohnt sich nicht«, »Er ist wieder da« und »Akropolis adieu« etc.

Drafi Deutscher, Manuela, Rita Pavone und Mireille Mathieu hat er groß gemacht, Caterina Valente und Milva haben seine Lieder gesungen und viele, viele andere. Darüber hinaus hat Christian unzählige Film- und Fernsehmusiken komponiert, mit James Krüss und anderen Kinderlieder geschrieben und – für mich ganz wichtig – den Heinrich-Heine-Zyklus vertont. Außer »Wunder gibt es immer wieder« hat er für mich weitere gute Songs produziert, wie »Und wenn ein neuer Tag erwacht«, »Der Stern von Mykonos«, »Ein Indio-Junge aus Peru«, und nebenbei immer wieder Werbe-Jingles (»Milka, die zarteste Versuchung«). Außerdem hat er seit ungefähr fünfundzwanzig Jahren eine Professur an der Hochschule für Musik in Nürnberg inne.

Nun kam ich aus der Liedermacherecke in Berlin und wollte mir nicht irgendeinen Stempel aufdrücken lassen, da das enge Schubladendenken in Deutschland sehr stark verwurzelt ist. Entweder man macht »ernste« Kunst, oder man landet in der Unterhaltung. Das ist lächerlich, denn von der Komödie bis zur Oper ist alles Unterhaltung, es gibt eigentlich nur gut oder schlecht gemachte Unterhaltung. Als einfühlsamer, nachdenkender Komponist hat Christian schnell erfasst, wo meine Stärken liegen und wie er sie musikalisch am besten zum Ausdruck bringen kann.

Mein erstes Album nannten wir »Katja – die Stimme«, und es sollte innerhalb des Plattenzyklus des Jugendmagazins »Twen« promotet werden, so eine Art »GEO für junge Leute«, das durch seine aufwendigen Fotostrecken, progressiven Themen und dem modernen Layout damals schon Kult war. Aus dieser Schallplattenedition von »Twen« gingen schon vorher interessante Produktionen mit Künstlern wie etwa Canned Heat, Esther und Abi Ofarim, Kraftwerk und anderen hervor.

Die Alben mit den von bekannten Graphikern gestalteten avantgardistischen Covern besitzen heute hohen Sammlerwert. Mein Plattencover erinnert etwas an die Pop Art-Kunst von Andy Warhol. Katja mit gelben Haaren und karminrotem Gesicht. Der Cover-Text hat es irgendwie in sich: »Anzukündigen ist die Geburt einer Stimme: Katja. Heute noch Geheimtipp von Jazzern und Opernsängern, Produzenten und Komponisten, morgen sicher Deutschlands anhörungswürdigster Stimmband-Export seit Jahren. Katja ist, was dieses Land voller Schlagerparadenschaukelpferdchen lange nicht mehr hatte – eine Sängerin, endlich eine Stimme.« (Mann, so viel Pathos!)

Die Schallplatte enthielt zwölf Songs, viele davon waren deutsche Adaptionen bekannter internationaler Komponisten. Die Single-Auskopplung von »Wie ein Kind«, die Christian Bruhn mit dramatischen Höhen komponiert und arrangiert hatte, wurde zu einem ersten Achtungserfolg.

Während unserer Produktionszeit kam der erfolgreiche Regisseur Truck Branss nach Anhören der ersten Aufnahmen mit der Idee auf uns zu, ein einstündiges TV-Porträt zu drehen: das »Porträt einer Unbekannten«. Damit wollten wir den Start der Longplay promoten. Unglücklicherweise wurde die Produktion nicht zum anvisierten Termin fertig, so dass das geplante Fernsehporträt verschoben werden musste.

Jetzt musste aber irgendetwas passieren, um unser erstes Projekt nicht zu einem finanziellen Desaster für Siggi Loch und Liberty/United Artists werden zu lassen. »Wir müssen etwas unternehmen, sonst sterben wir in Schönheit«, sagte Siggi Loch. Die Frage stand im Raum, ob ich bei einem Vorentscheidungswettbewerb für den Grand Prix mitmachen würde. Es ging um den Grand Prix d'Eurovision de la Chanson, der heute ziemlich prosaisch Eurovision Song Contest oder schlimmer noch abgekürzt ESC genannt wird. Beim Grand Prix, so die Überlegung damals, würde sich natürlich bei guter Platzierung die perfekte Werbung für mich als Newcomerin ergeben. Dazu gab es für mich keine Alternative.

Christian fand diese Aufgabe spannend und beschreibt die Entstehungsstunden des Songs als eine »der Großtaten« des Textdichters Rudolf Günter Loose: »Eines Abends im Jahre 1970, es ist kurz vor Einsendeschluss für den Grand Prix d'Eurovision, ruft er mich an: ›Du, wir haben da noch eine angefangene Country-Nummer, die heißt *Wunder gibt es immer wieder*. Die sollten wir einreichen, das ist eine trächtige Zeile. Und ein guter Refrain. Mach eine schöne Festival-Musik dazu, vielleicht etwas langsamer, bedeutender, ich kann ja den ganzen Text ändern, wenn's nötig ist.‹

Es sollte sich als nicht nötig erweisen. Denn am nächsten Morgen in aller Frühe suche ich mir den Text aus dem entsprechenden Ordner heraus (Ordnung muss sein!), setze mich erst kurz an den Flügel und dann an den Schreibtisch. Gewaltig soll es beginnen, ein bisschen wie *Also sprach Zarathustra* von Richard Strauss, dann ins Rhythm-&-Blues-hafte übergehen, und erst nachdem sich die Spannung ins schier Unerträgliche gesteigert hat, erst dann soll die Sängerin Katja Ebstein auftreten. Und mit dem Vers anheben *Viele Menschen glau-auben* … Eine Komposition mit Dramaturgie und Fernsehmaß also. Und wundersam fließen mir die Noten in die Feder, keep it simple, keep it sexy, keep it sad, Sie wissen schon. Die Worte passen, die Refrain-Melodie kann übernommen werden, ist im getragenen Tempo sogar viel wirkungsvoller, und um neun Uhr kann ich wieder einmal telefonisch Vollzug melden. Das Eurovisionslied ist fertig. Das von mir dazu angefertigte Arrangement (Bigband mit Streichern) hat sich dementsprechend gewaschen (zu Deutsch: ist wohl recht gut gelungen).«

Und tatsächlich: Der Song geht sofort in Ohr und Bauch. Wir gewannen den Vorentscheid, und dann stand ich in Amsterdam auf der Bühne. Christian dirigierte das Orchester, der Chor sang, und ich dachte nur: »Du musst jetzt so gut wie ein Werbejingle sein und in drei Minuten alles spannend und gut über die Bühne bringen.«

Danach konnte ich nicht mal mehr die Teetasse ruhig halten. Aber irgendwie hat es sich gelohnt: Mit »Wunder gibt es immer wieder« ergatterten wir den dritten Platz. Angeblich soll es das erste Mal in der Geschichte dieses Wettbewerbes gewesen sein, dass ein deutsches Team und ein deutsches Lied auf dem Treppchen standen. Und das mit den Stimmen aus allen südlichen Ländern Europas. Von den westlichen Ländern, wie Frankreich, England, Holland, wurden wir einfach ignoriert.

Für mich war diese Platzierung der internationale Durchbruch. Da wir »Wunder gibt es immer wieder« gleichzeitig in Englisch, Französisch, Spanisch, Italienisch und Japanisch synchronisiert hatten, wurde der Song tatsächlich ein internationaler Erfolg. Fast nonstop bin ich mit ihm um die Welt gereist. Die Japaner sind fast ausgetickt, als ich den Song auf Japanisch gesungen habe. Bis heute gehört »Wunder gibt es immer wieder« in unterschiedlichen Begleitungen in meine Konzerte.

Nach dem »Wunder«-Erfolg konnte ich ein Jahr später in Dublin noch einmal Bronze holen, mit dem Öko-Song, »Diese Welt« von Dieter Zimmermann und Fred Jay. Auch mit den anderen Songs während meiner populären Zeit trafen wir anscheinend immer wieder den Nerv der Menschen: darunter viele Mutmachsongs und fürs Leben engagierte, komödiantische Lieder. Gert Fröbe hat sich einmal bei mir für »Und wenn ein neuer Tag erwacht« bedankt. Das Lied hätte ihn durch dunkle Stunden getragen.

Mit dem zweiten Platz von »Theater, Theater« beim

Grand Prix d'Eurovision de la Chanson in Den Haag 1980 endete mein Ausflug in die deutsche Popmusik. Mehr oder weniger. Für die Komposition war Ralph Siegel und für den Text Bernd Meinunger verantwortlich. Auch zwei unverrückbare Größen der deutschen Musikszene. Vier Stimmen fehlten zum Sieg, und Johnny Logan drückte mich und sagte »I am so sorry, but I need the money«. Ich freute mich über seinen ersten Platz und fühlte mich an zweiter Stelle auch als Gewinnerin. Ralph neben mir war eher etwas blass um die Nase.

Zwischen diesen Grand-Prix-Auftritten in den Niederlanden lagen zehn Jahre. Was mir dabei aufgefallen war: In Amsterdam 1970 wurden wir als Gruppe junger Deutscher in den Cafés und Kneipen der Stadt ein bisschen geschnitten. Egal, wie früh wir dort eintrafen, wir wurden immer als Letzte bedient. Das geschah nicht, wenn man alleine unterwegs war. Ich denke, diese offene Ablehnung war noch ein Relikt aus der Nazizeit. Zu tief noch die Wunden durch die deutsche Besatzung. Ich konnte das gut nachfühlen.

Dann zehn Jahre später in Den Haag ein gewaltiges Kontrastprogramm. Nachdem unser Song »Theater, Theater« den zweiten Platz gemacht hatte, wurden wir überall mit offenen Armen empfangen. Sind doch die Holländer von großer Leidenschaft besessene Theatergänger, und ich war 1980 sehr beeindruckt, wie schnell diese Menschen es doch geschafft hatten, uns als Nachkommen des »Tätervolkes« zu vergeben.

Wie mir alle Schauspieler bestätigten, beschreibt

»Theater, Theater« in schlichten, klaren Worten, wie es zugeht auf der Theaterbühne. Und es klingt fast wie erfunden, dass ich im Herbst des Grand-Prix-Jahres mit den Proben für ein Theaterstück in Hamburg am Ernst Deutsch Theater begann. Es war die Rolle der Rosa Fröhlich in Heinrich Manns »Professor Unrat«. Und das war absolutes Neuland für mich. Und endlich eine neue Herausforderung!

Sie setzen jeden Abend eine Maske auf.
Und sie spielen, wie die Rolle es verlangt.
An das Theater haben sie ihr Herz verkauft.
Sie stehn oben und die unten schaun sie an.
Sie sind König, Bettler, Clown im Rampenlicht,
doch wie's tief in ihnen aussieht, sieht man nicht.

Theater, Theater
Der Vorhang geht auf, dann wird die Bühne zur Welt.
Theater, Theater,
das ist wie ein Rausch, und nur der Augenblick zählt.
Wie ein brennendes Fieber, wie ein Stück Glückseligkeit.
Ein längst vergessener Traum erwacht zum Leben.
Theater, Theater,
gehaßt und geliebt, Himmel und Hölle zugleich.

Und der Clown, der muß lachen,
auch wenn ihm zum Weinen ist
und das Publikum sieht nicht,
daß eine Träne fließt.

Und der Held, der muß stark sein
und kämpfen für das Recht,
doch oft ist ihm vor Lampenfieber schlecht.

Alles ist nur Theater
und ist doch auch Wirklichkeit.

Theater – das Tor zur Phantasie
Theater, Theater
Nur der bleibt dir treu, der dich vor Leidenschaft liebt.

Theater, Theater
ist Leben und Traum, Anfang und Ende zugleich.
Theater, Theater
Ihr schenkt uns Applaus, wir geben alles für euch
und lachen und weinen für euch.
Ja, wir geben alles für euch.[*]

---

[*]   Theater, Theater. Text: Bernd Meinunger. Musik: Ralph (jun.) Siegel
      © CHAPPELL MUSIK VERLAG GmbH

14

Schweres leicht gesagt

Ich liebe richtig gutes, knackig-politisches Kabarett. Wenn schon Kabarett, dann muss es ätzen, muss überzeichnen, den Nerv treffen, manchmal weh tun, den Atem rauben, das Lachen im Halse stecken lassen, kurz: Es muss etwas auslösen in mir über einen kurzen Lacher hinaus.

Eine meiner frühen Berührungen mit diesem Genre war das »Reichskabarett« von Volker Ludwig bei uns in Berlin. Das war so was wie die satirisch-politische Stimme der unzufriedenen Jugendlichen in den sechziger Jahren. Dort bin ich dann auch dem für mich einmaligen Hanns Dieter Hüsch begegnet, der mich über viele Jahre begleiten und mit seiner Kunst auf vielfältige Weise inspirieren sollte. Einfach und klar hat er ausgedrückt, wofür mir damals manchmal noch die Worte fehlten. Oft bereicherte er die Berliner Liedermacherszene durch seine Besuche.

Seit unserem Zusammentreffen auf der Burg Waldeck im Hunsrück hatte ich das Gefühl, er wäre mein »Bruder im Geiste«. Seit damals blieb meine Begeisterung für ihn ungebrochen. Ich habe mich von ihm verstanden gefühlt bei allem, was er mitzuteilen hatte.

»Hüschi« nenne ich ihn bis heute. Zu gutem Wein bei gemeinsamen Freunden, wie etwa der Familie Schäfer im Weingasthaus »Schäferkarre« in Altenahr, haben wir uns von diesen sechziger Jahren an mindestens einmal jährlich getroffen.

Vor einigen Jahren verließ er diesen Planeten, und ich denke, dass ihn viele schmerzlich vermissen, aber seine scharfsinnigen Texte werden in der deutschen Literatur ewig weiterleben. Derartige Qualitäten bleiben – sie haben kein Verfallsdatum.

Er war und ist ein Meister des Wortes, poetisch, furchtlos politisch und puristisch. Parodie, Lied und Gedicht sind seine Werkzeuge. Er hat ein wunderbar zeitgeistfreies Werk hinterlassen, das dem von Kurt Tucholsky in nichts nachsteht; in seinen Arbeiten zeigte er sich außergewöhnlich vielfarbig. Zu allererst war er Kabarettist – in und abseits der Tagespolitik – und darin ein sensibler Beobachter der Entwicklungen und Tendenzen unserer Gesellschaft. Mit »Hüschi« bin ich auf- und mitgewachsen. Wie ich hat er sich am Weltschmerz abgearbeitet.

Am liebsten war er auf Kleinkunstbühnen der Republik, auf Kirchenkanzeln und natürlich in Radio und Fernsehen unterwegs. In manchen Jahren absolvierte er über zweihundert Auftritte. Er musste förmlich auf die Bühne und gilt in der Kulturszene als produktivster Vertreter des literarischen Kabaretts in Deutschland. Über siebzig eigene Bühnenprogramme hat er entwickelt, unzählige Bücher und CDs produziert sowie Theaterregie geführt. Auch hat er in seiner Unabhängigkeit und auf der Basis seines ureigenen Glaubens Kirche und Kabarett in seinen Werken zusammengebracht, was manchen suspekt war. Kabarett und Kirche? Kommt darauf an, wer das macht und kann. Hanns Dieter gelang dieser Spagat. Seine »Predigten« wurden geliebt, weil sie so anders waren als üblich, wie die folgende so schön zeigt:.

Was macht, dass ich so furchtlos bin
An vielen dunklen Tagen.
Es kommt ein Geist in meinen Sinn,
Will mich durchs Leben tragen.

Was macht, dass ich so unbeschwert
Und mich kein Trübsinn hält,
Weil mich mein Gott das Lachen lehrt
Wohl über alle Welt.

HANNS DIETER HÜSCH*

Klar war für ihn auch, dass Glaube und Politik miteinander Hand in Hand gehen müssen. Krieg, Hass, Rache und Gewalt begegnete er mit seinem Hauptantrieb, der unnaiven Liebe. Nebenbei war er noch auf seine kauzige Art Synchronsprecher bei »Vätern der Klamotte«, »Die kleinen Strolche« oder »Dick und Doof«. Unglaublich,

---

* Hanns Dieter Hüsch: Das literarische Werk in der Edition dia, Band 4. © Christiane Hüsch-von Aprath

was dieser Mann alles auf die Beine gestellt und in Bewegung gesetzt hat.

Sprache und deren Komposition waren seine größte Gabe. Sie begeistern mich mit jedem Lesen jedes Mal aufs Neue. Seine Wortkaskaden erfordern größte Aufmerksamkeit und Konzentration, besonders, wenn man ihn live erlebte oder seine CDs hört.

Sein variantenreiches breites Schaffen wurde mit vielen Attributen geehrt, mit denen man sein Lebenswerk zu fassen suchte: Reisender in Sachen Menschlichkeit, Wanderprediger, Moralist reinster Prägung, philosophischer Clown. Wie kein anderer konnte er die Menschen beobachten, sie ergreifen, trösten, aufrütteln und helfend Mut machen. Sich selbst hat er als »Pusteblumenfreund, ewiger Phantast voll Lustigkeit und Glücksgefühl und clownesken Narr« bezeichnet. Besser kann man sein Wesen nicht beschreiben. Natürlich nahm er sich nicht besonders ernst, außer in dem, was ihm an Botschaft wichtig war. Die Menschheit trotz ihrer Brüche furchtlos zu lieben oder es zumindest zu versuchen, war seine permanente Einladung.

Einige seiner Texte habe ich in meine literarischen Abende eingebaut. Sie bereichern einfach nachhaltig diese Vorstellungen.

Die große innere Verbundenheit in Sprache und inhaltlichem Ziel ist mir so präsent wie zu seinen Lebzeiten. Und ich werde seine zeitlosen, kritischen Botschaften und seine Geistesfreiheit weitertragen, solange ich kann.

— Die Erde gehört uns allen
So wie der Sand, den man am Grabe uns
Eines Tages freundlicherweise
Nachwerfen wird
— Aber im Leben gehören
Die Armen den Reichen
Die Dummen den Klugen
Die Geschlagenen den Verschlagenen
Die Gläubigen der Kirche
Die Schwarzen den Weißen
Die Naiven den Raffinierten
Die Schweigenden den Schwätzern
Die Friedfertigen den Streitsüchtigen (…)
HANNS DIETER HÜSCH*

Was Hanns Dieter Hüsch zu seinen Lebzeiten zu gerne noch etabliert hätte, war sein Traum von einer realen Staun-Schule, in der die Kinder den Erwachsenen wieder das Staunen beibringen. Vielleicht ein bis heute gültiger, sanfter Appell an uns alle!

Mit großer Freude ist Hanns Dieter Hüsch mit Dieter Hildebrandt zusammengetroffen, den ich durch meinen Mann kannte. Klaus hatte vor meiner Zeit mit ihm viele TV-Sendungen für den Südwestfunk gedreht. Außerdem erlebte ich ihn durch meine Mitwirkungen in seinen legendären »Scheibenwischern« – sowie in all

---

* Hanns Dieter Hüsch: Das literarische Werk in der Edition dia, Band 3. © Christiane Hüsch-von Aprath

seinen vielbeklatschten Solo- und Ensembleauftritten in
der »Münchner Lach- und Schießgesellschaft«. Diese
»Lach-und Schießgesellschaft« war meine Lieblings-
kabarett-Bühne, weil es dort politisch aufmüpfiger und
frecher zur Sache ging als manchmal bei den Berliner
»Stachelschweinen«. Franz Josef Strauß und seine damalige CSU boten viel Stoff, um sich an ihnen satirisch
abzuarbeiten.

Dieter Hildebrandt saß zu meiner Freude später einmal in meinem Heinrich-Heine-Abend in vorderster
Reihe. Für mich war er ein Großmeister des politischen
Kabaretts und ein sich ungeheuer gekonnt verhaspelnd
pointierter Schnellsprecher, der alles, was gesagt werden
musste, auf den Punkt brachte, ohne den Faden zu verlieren. Den »Hofnarren der Republik« und »das politische Gewissen Deutschlands« schrieb man ihm zu. »Die
Verblödung des Bürgertums ist vollständig!« – damit
legte er die Finger radikal in die Wunden des irrsinni-
gen Teils unserer Gesellschaft. Gemein hatten wir unsere sozialdemokratische Gesinnung – ohne Parteibuch.
Rückhaltlos bewundere ich, dass Dieter noch bis kurz
vor seinem Tod ungebremst als eben jenes oben erwähnte
Gewissen auf den Bühnen unserer Republik unterwegs
war. Gott sei Dank gibt es in der Nachfolge Hildebrandts
ein paar furchtlose Geister, die heute in der Kabarettsze-
ne fest etabliert sind wie Urban Priol, Florian Schröder,
Oliver Welke, Christian Ehring, Max Uthof, Claus von
Wagner, Tobias Mann, Christoph Sieber, Hagen Rether
und Bodo Wartke, um nur einige zu nennen. Georg

Schramm hat sich zu meinem Leidwesen ausgeklinkt. Es ist erfreulich, dass neben all den Comedy-Formaten dem politischen Kabarett doch recht gute Sendeplätze eingeräumt werden. Beispiele dafür sind »Die Anstalt«, »extra 3«, »heute-show«, »Mann, Sieber!«.

Neben Konstantin Wecker und Bruno Jonas habe ich durch Hildebrandt auch Werner Schneyder kennengelernt. Zu den österreichischen Kabarettisten und Liedermachern mit ihrem Galgenhumor und vielfach bissigem Spott hatte ich schon immer eine große Affinität. Sie sind auf ihre jeweilige Art von Schneyder bis Hader, über André Heller, Marianne Mendt, Georg Danzer, Ludwig Hirsch bis hin zu Ambros einzigartig.

Dann möchte ich noch einen weiteren Namen ins Spiel bringen, der für mich in Sachen Begegnung eine besondere Rolle spielt: Sammy Drechsel. Er, den man hierzulande vor allem als Sportmoderator kannte, war zusammen mit Dieter Hildebrandt Mitbegründer der »Münchner Lach- und Schießgesellschaft«. Seine Stimme war in den Fußball-Übertragungen im Rundfunk legendär. Er war Berliner von Geburt und Münchner aus Leidenschaft. Auf einer Zeichnung des Karikaturisten Dieter Hanitzsch ist Sammy Drechsel mit fünf Händen zu sehen. Zwei davon halten Telefonhörer, die restlichen drei Mikrophone. Eine sehr treffende Charakterisierung dieses umtriebigen Berliners, der – im wahrsten Sinne des Wortes – ständig auf Draht war, immer in Aktion. Sein unkonventioneller Reportage-Stil ist bis heute unvergessen, mit seinem Fußball-Roman »11 Freunde müsst ihr sein« schrieb er einen Klassiker des Genres. Als Schauspieler hat er bei »Der Theodor im Fußball-tor« mitgespielt. In den Hildebrandt-TV-Formaten »Notizen aus der Provinz« und »Scheibenwischer« führte er Studioregie. Zusammen mit seiner Frau, der TV-Ansagerin Irene Koss, engagierte er sich gemeinsam mit der Arbeiterwohlfahrt in Mali und bat mich später als Projektpatin für die Sahelzone um Mithilfe.

Als Leiter der »Lach- und Schieß« schien Sammy Drechsel ein gewisses Faible für mich zu haben. Sammy mochte meine Stimme und stellte des Öfteren fest, dass ich auf eine vertrackte und unüberhörbare Art »mutter-witzig« sei. Dies gilt anscheinend bis heute: Ohne mir dessen bewusst zu sein, erzähle ich von selbst erlebten Katastrophen – und die Menschen fangen an zu lachen. Dabei tue ich mir in der Rückschau eigentlich richtig leid. (Ist nicht ganz ernst gemeint!) Die Komik scheint eine Unternote von mir zu sein. Dieser Mutterwitz und meine Stimme war es dann auch, weshalb mich Sam-my 1980 fest ins Ensemble der »Münchner Lach- und Schießgesellschaft« holen wollte: »Ab nächstes Jahr spielst du bei uns – für mindestens drei Jahre!«, war seine Ansage.

Wenn ich je etwas bereue, war es die Tatsache, vor diesem »Lach- und Schieß«-Angebot schon den Thea-tervertrag für die Hauptrolle im Heinrich-Mann-Stück »Professor Unrat« am Ernst Deutsch Theater in Ham-burg unterschrieben zu haben. Wie viel lieber hätte ich vor dem Theater im politischen Kabarett gearbeitet.

C'est la vie! Das Leben besteht eben auch aus verpassten Gelegenheiten. Ein Augenblick zu früh oder zu spät – und schon geht es mit einem in eine andere Richtung.

Das Risiko
LEBEN

Barbara anrufen«, dieser Zettel lag schon eine ganze Weile auf meinem chaotischen Schreibtisch unübersehbar ganz oben auf. Ich wollte Barbara Rütting unbedingt in meinem Buch haben. Wir sind uns zwar bei irgendwelchen Benefizveranstaltungen oder auf Demonstrationen immer wieder begegnet, hatten allerdings nie die Zeit, mal so richtig ins Gespräch zu kommen. Seit langem schon hätte ich ihr gern gesagt, wie froh ich bin, dass es Menschen wie sie gibt, die kompromisslos ihrer Intuition folgen, so als fühlten sie einen konkreten Auftrag. Nach meinem Empfinden bewegen wir beide uns auf der gleichen Wellenlänge, und vergleicht man unsere Lebensläufe, gibt es einige Parallelen. So ist Barbara Rütting auch mehr oder weniger aus Zufall bei kleineren Filmjobs entdeckt worden, die sie angenommen hatte, um etwas Taschengeld zu verdienen. Denn ihr eigentliches Berufsziel war Ärztin. »Aus Ihnen wird einmal etwas«, erinnerte sie sich an die Aussage des Schauspielers Georg Thomalla bei ihren ersten kleineren Auftritten. Er sollte recht behalten. Innerhalb kürzester Zeit wurde sie mit dem Bundesfilmpreis als beste Nachwuchsschauspielerin ausgezeichnet und legte danach eine fulminante Schauspielkarriere hin.

Barbara Rütting und mich haben Zufälle auf diesen künstlerischen Weg gebracht. Talent war Voraussetzung bei uns beiden, sonst wären die Karrieren nicht so wie erlebt positiv verlaufen. »Immer unterwegs – irgendwo hin« beschrieb Barbara damals ihre Schauspielzeit, was ich sehr gut nachvollziehen kann. Nach meinen drei Grand-Prix-Erfolgen war ich genauso rastlos rund um den Globus unterwegs.

Barbara stieg nach rund zwanzig Jahren erfolgreicher Bühnenkarriere ganz aus diesem Gewerbe aus und beendete 1982 ihre Schauspielkarriere. Sie suchte neuen Sinn abseits der Bühne. Ihre Begeisterung für alles Leben setzte sie mit großem unbeirrbarem Einsatz für Pazifismus, Tierschutz und zur Rettung von Umwelt und Klima ein. Von Gesundheit durch richtige Ernährung über alternative Heilmethoden bis hin zur Meditation spannte sich das weite Feld ihrer Interessen. Mit ihrem guten Namen suchte sie für diese Themen andere öffentliche Möglichkeiten – angefangen vom Bücher schreiben bis hin zum politischen Auftritt.

Diese wunderbar aktive Persönlichkeit mit ihrem selbstbewussten Statement als Frau »Ich bin alt, und das ist gut so« und ihrer Lebenseinstellung jeden Tag aus dem Augenblick heraus neu und für sich selbst und wenn möglich auch für andere sinnvoll zu gestalten, passt sehr gut an das Ende eines Buches, in dem es ja nicht um oberflächliche Treffen und Ereignisse geht, sondern um wirkliche Begegnungen, die etwas in uns auslösen, uns herausfordern oder beflügeln, uns prägen und uns im Leben begleiten, auch wenn sie schon lange her sind, nur in Gedanken stattgefunden haben oder leider nie verwirklicht werden konnten.

Wie in Barbaras Fall. Aus unserer Verabredung sollte traurigerweise nichts mehr werden. Sie verabschiedete sich mit einer reichen Hinterlassenschaft an Erfahrungen im März 2020 mit zweiundneunzig Lebensjahren von uns und dieser Welt. Wieder mal zeigt sich die Erkenntnis: Man sollte den richtigen Moment einfach nutzen. Und dieser Moment ist immer: Jetzt! Ganz im Sinne von Barbara, sollte jeder Tag der Beste sein, das Leben nicht auf morgen zu verschieben. Ihr »Carpe Diem!« hat sie gepaart mit einer weiteren Haltung, die auch ich teile – frei nach Cicero: »Fange nie an aufzuhören – und höre nie auf, anzufangen«.

Ohne Bedenken hat sie sich mit fünfundsiebzig entschieden, für den bayrischen Landtag zu kandidieren und wurde danach gleich zweimal hineingewählt – und dessen selbstbewusste, junggebliebene »Alterspräsidentin«. Nachdem sie feststellen musste, wie schwierig es ist, ihre idealen Vorstellungen dort umzusetzen, verließ sie in der zweiten Amtsperiode ebenso konsequent wieder das Haifischbecken der Politik.

Barbara war mit einem ausgesprochen gesunden Menschenverstand gesegnet. Das kann man an ihren Bemühungen, im Innen wie im Außen sich mit der Natur zu solidarisieren, unschwer erkennen: gesunde Nahrung für Körper, Geist und Seele in jede Richtung von ayurvedischer Medizin über täglich geübte Meditation bis hin zum Lachyoga waren ihre Gesundheits- und Heilmittel.

Dass Lachen gesund und heilsam ist, wissen wir alle – besonders auch dann, wenn es gerade nix zu lachen gibt. Spannend zu wissen, dass Kinder rund vierhundert Mal am Tag lachen, wir Erwachsenen im Durchschnitt gerade noch fünfzehnmal. Depressive Menschen lachen fast gar nicht mehr. Dabei löst doch Lachen ähnliche Dinge aus wie Sport – wozu ich zuallererst das Tanzen zähle. Es werden dabei nachweislich Glücksgefühle ausgeschüttet, das Immunsystem gestärkt, die Atmung verbessert, Herz- und Kreislauf in Schwung gebracht, die Durchblutung gefördert, negativer Stress abgebaut und die Selbstheilungskräfte aktiviert.

Lachen und Tanzen sind nahezu an jedem Ort zu praktizieren. Ich habe mir fest vorgenommen, das Tanzen wieder mehr in mein Leben einzubauen. Meine Seele fängt dabei an zu fliegen – und zu allem Überfluss macht es auch noch den Kopf frei! Dies gilt besonders für »Rock 'n' Roll«, »Boogie« und »Latin«. Schon von Kindesbeinen an reagiert mein Körper auf Musik. Ich muss mich dann einfach bewegen – und das ist bis heute so geblieben. Wenn ich an all die Tanzerei in der TV-Show »Let's Dance« denke – immerhin haben wir den zweiten Platz gemacht –, kam mir dieses musikalischkörperliche Reagieren sehr zugute. Das Ganze war wirklich erstklassiger Hochleistungssport – jeden Tag über zwölf Wochen zweimal drei Stunden Training. Diese Zeit war super für meinen gesamten Kreislauf. »Tue dem Körper Gutes, damit die Seele Lust hat, darin zu wohnen« – dieser Satz von Theresa von Avila passt genau auch zu diesem Erleben.

Barbara Rütting war auch eine Ausdauer-Kämpferin für Naturmedizin, Biochemie und Homöopathie – wobei andere medizinische Behandlungsmethoden nicht automatisch ausgeschlossen werden. Diesen Kampf für natürliche Heilweisen habe ich mir genau wie sie schon seit Jahrzehnten auf die Fahne geschrieben. Dazu gehört unabdingbar vollwertige Ernährung. Lebensmittel sind im wahrsten Sinne des Wortes Lebens-Mittel! Sich biologisch gesund und in bunter Vielfalt zu ernähren, ist auch mein Credo – in meinem Fall kaum Fleisch, wenn dann eher Fisch – gerne ab und zu Geflügel. Gemüse – und Obst ist mein liebstes – möglichst frisch und aus eigenen Landen. Wenn man mich nach bevorzugten Küchen fragt, ist es die knackige italienische Küche mit viel Pasta und frischen Meeresfrüchten.

Ich werde oft auf das Thema Älterwerden angesprochen, auf den normalsten Vorgang der Welt. In ewiger Wiederholung: »Frau Ebstein … Welche Tricks haben Sie für Ihr Aussehen?«, »Warum sehen Sie noch so jung aus …«, »Welche Tipps haben Sie fürs Älterwerden?« usw. Bühnenauftritte von mir werden kommentiert mit

Sätzen wie: »Mit einer fast unverschämten Jugendlichkeit betritt sie die Bühne« etc. Ja, geht's noch?

Was ist das für eine Manie? Was hat Deutschland für ein Problem mit dem Älterwerden? Vielleicht ist es gar nicht Deutschland – vielleicht sind es die Medien, die zu stark im Außen verhaftet sind? Oder gehört es etwa doch in unsere deutsche Mentalität mit ihrer buchhalterischen Zählordnung und dem ziemlich ausgeprägten Schubladendenken? Ist es gar grundlegend unsere Kultur, die Älterwerden mit einer ängstlichen Reserviertheit betrachtet und automatisch mit mangelnder Leistungsfähigkeit, körperlichem Verfall, Krankheit und Pflegeheim verbindet, anstatt darüber nachzudenken, wieviel uns der Reichtum an Reife und Weisheit der älteren Menschen zu geben hat? Aus welchem Geist entspringen dazu noch marketingtechnische Katalogisierungen wie »Best Ager« »Silver Ager« oder »Golden Ager«? Außerdem muss noch jede Befindlichkeit bei uns in deutschen Landen am Lebensalter festgemacht werden – bei Männern in der Regel als Reifehinweis, bei Frauen eher als Verfallsdatum. Gruselig!

Das Problem mit dem Älterwerden habe ich persönlich nicht, weil ich Gott sei Dank gesund bin. Es ist der öffentliche Umgang damit, der Stress macht. Ich selbst kümmere mich nicht um Lebenszahlen. Ich weigere mich, anderen Ratschläge für deren Älterwerden zu geben. Jeder ist sein eigener Kosmos, jeder und jede hat einen eigenen Lebensweg, eine eigene Geschichte. Pauschalierende platte Ratgeber in dieser Sache finde ich anmaßend – aber die Bücher von Barbara Rütting zu diesem Thema kann ich wärmstens empfehlen. Wie gern hätte ich mich mit ihr persönlich noch mal über die Dinge ausgetauscht.

Alt ist man nur, wenn man glaubt, nicht mehr kämpfen zu können. Sich herausfordernde positive Aufgaben zu suchen und achtsam zu sein, dass man nicht allzu bequem wird oder gar in das berühmte Jammerloch rutscht, das hält jung. Was mich angeht: Ich werde alles dafür tun, das Kind, dass ich einmal war, in mir wachzuhalten und es immer mal wieder zu Wort kommen zu lassen. Als Kind hat man einen klaren Blick fürs Wesentliche, ist offen, neugierig und traut sich auch, Neues auszuprobieren. Und spielen, wie wichtig ist doch das Spiel für unser Befinden, nicht nur bei Kindern.

Und ganz sicher werde ich, da wo es mir notwendig erscheint, nicht aufhören zu rebellieren und zu kämpfen! Das ganze Leben ist und bleibt spannend und risikoreich.

Risiko

Es gibt zwei verschiedene Haltungen
Gegenüber dem Leben.
Die eine: Streben nach Sicherheit.
Die andere: Sich über Schicksal und Zeit
Und alles das erheben.
Das Risiko muss man bejahen:
Man arbeitet ohne Seil.

Es macht nichts, wenn man sich außen verletzt:
Innen bleibt man heil.
Das ist die Haltung der Sucher und Finder:
Nicht auf Sicherheit, auf Sinn eingestellt,
Können sie auf fast alles verzichten,
Nur nicht auf ihren Entwurf von der Welt.
EVA STRITTMATTER*

P. S. Außerdem Ihr Lieben: Wer liebt, ist nicht alt!
Eure Katja!

---

* Eva Strittmatter: Sämtliche Gedichte. Erweiterte Neuausgabe. Aufbau Verlag, Berlin, 2015. © Aufbau Verlag GmbH & Co. KG, Berlin
2015

Danke

Gute Begegnungen erfrischen, inspirieren, erinnern,
stellen Fragen, fordern heraus,
bilden und bereichern das eigene Wachsen und Werden,
sind Brausepulver für die Seele.
UWE BAUMANN

an alle Menschen, denen ich in meinem Leben begegnet
bin und die etwas in mir ausgelöst haben. Einige davon
sind in diesem Buch erwähnt, wie meine Schwester Ursel,
mit der ich nicht nur meine Kindheitserinnerungen teile,
sondern mit der ich mich bis heute in großer Vertrautheit
und Liebe verbunden fühle. Tja, für sie bin und bleibe ich
ewig die kleine Schwester, egal, wie alt ich werde.

Viele mir wichtige Menschen, die dazu beigetragen
haben, dass ich das werden konnte, was ich bin, stehen
nicht im Buch, doch auch ihnen gilt mein großer Dank.

Wie schon anfangs erwähnt, trug ich mich lange mit
der Idee, ein Buch zu schreiben, verwarf sie aber immer wieder. Wahrscheinlich auch, weil mir der richtige Sparringspartner fehlte: ein dickes Dankeschön an

meinen Schreibkomplizen Uwe Baumann. Besonderen
Dank auch an meine Agenten Peter Käfferlein und Olaf
Köhne und an das tolle Team des Fischer Verlages, vor
allem an meine Lektorin Martina Seith-Karow.

Einige Menschen machen die Welt einfach deshalb zu
etwas Besonderen, weil sie ein Teil von ihr sind!

Personenverzeichnis

Literatur-Auswahl

Helene M. Kastinger Riley: Hildegard von Bingen, Hamburg, 1997

Käthe Recheis / Georg Bydlinski / Edward Sh. Curtis: Weisheit der Indianer – vom Leben im Einklang mit der Natur, München, 1995

Käthe Recheis / Georg Bydlinski (Hrsg.): Weißt Du, dass die Bäume reden – Weisheit der Indianer, Freiburg, 1983

Käthe Recheis / Georg Bydlinski: Zieh einen Kreis aus Gedanken, Freiburg, 1990

Dalai Lama, Franz Alt: Der Appell des Dalai Lama. Ethik ist wichtiger als die Welt, Elsbethen, 2015

Dalai Lama, Sofia Stril-Rever: Der neue Appell des Dalai Lama. Seid Rebellen des Friedens, Elsbethen, 2018

Jürgen Miermeister: Rudi Dutschke, Hamburg, 1986

Rudi Dutschke, Gretchen Dutschke-Klotz, Jürgen Miermeister, Jürgen Treulieb: Die Revolte. Wurzeln und Spuren eines Aufbruchs, Hamburg, 1991

Veit-Jakobus Dieterich: Franz von Assisi, Hamburg, 1995

Richard Rohr: Die Liebe leben. Was Franz von Assisi anders machte, Freiburg, 2015

Katja Ebstein, Heinrich Heine: Schlage die Trommel und fürchte Dich nicht, Freiburg, 1996

Fatima Meer: Nelson Mandela – Stimme der Hoffnung, München, 1989

Nelson Mandela: Der lange Weg zur Freiheit, Frankfurt, 1994

P. Johannes Pausch: Die Einheit leben, Salzburg, 1987

Barbara Rütting: Durchs Leben getobt, München, 2017

Barbara Rütting: Ich bin alt und das ist gut so, München, 2008